ふんわりと上昇気流に乗る生き方

井垣利英

JN090786

サンマーク出版

ふんわりと上昇気流に乗る生き方　**目次**

プロローグ

上昇気流にふんわり乗る方法

第1章

幼い頃の「好き」にヒントがある

第2章

まずは「外側」から変えてみよう

第3章 本物の「プラス思考」が人生をひらく

第4章

まわり道することに意味がある

第5章

苦手なことは捨てていい

第6章

生き方にもマナーがある

第7章 心を磨いて生きる

ブックデザイン　水崎真奈美
編集協力　鷗来堂
本文組版　山中 央
構成　中西后沙遠
編集　斎藤竜哉（サンマーク出版）

プロローグ

上昇気流にふんわり乗る方法

すべての人が自信をもって笑顔になってもらいたい

いま世の中は、「自信喪失」の時代といえるでしょう。目の前の生活や仕事をとってみれば、さしあたって困ることはないけれど、これから先もずっと、同じような人生が送れるのか、なんとなく不安を感じている人が、きっと多いことでしょう。

仕事も生活も自分なりにがんばってきたけれど、毎日が充実していない。これまで積み上げてきたことがこの先もずっと通用するのか、自信がもてない。そんな人も多いと思います。

きっとみなさんのまわりの人たちを見ても、すばらしい力や才能をもちながら、自信をもてずにくすぶっている人がたくさんいるのではないかと思います。世の中の急激な変化、あふれかえる情報、価値観の多様化……私たちから自信を奪い、不安に陥れる原因はたくさんあります。

でも、せっかくすばらしい魅力や才能を秘めていながら、それを活かさずに人生を生きるのはもったいないと思いませんか？

いま、このむずかしい時代を生きていくために大切なことは何でしょうか。また、人生をより輝かせて楽しく生きるにはどうすればよいのでしょうか。

本書ではそのヒントを私なりにお伝えしたいと思っています。

２００２年に私は会社・シェリロゼをつくり、女性にマナー・話し方・プラス思考などを教えるスクールを経営しています。最近では男性社員の多い企業からの研修依頼も増え、20年間で２万人ほどの方に、自信をもって笑顔で活躍する方法を指導しています。

その方法とは、一言でいうなら「自信をつけてもらう」こと。というのも、私が10

代の頃から、まわりに自信がない人が多く、もったいないと思ってきたからです。

私は女子校に通っていたのですが、誰が見てもすごい美人なのに、「私なんて……」と人に隠れるように座っているクラスメイトがいました。私からすると、なぜ彼女が自分に自信がもてないのかが不思議でした。また大学に進んでアナウンサーになるための学校にも通ったのですが、そこにも、人と自分を比較して落ち込んでいる人がたくさんいました。

そんな人たちと出会うたびに、「自分の良いところをちゃんと見て、自信をもてばいいのに」と思っていました。同じように、本来もってもいい自信をもてない人は、世の中にたくさんいる。そんな人たちに自信をつけてあげて、笑顔で元気に活躍する人をもっと増やしたいというのが、会社をつくった動機です。

そんなわけで外見、内面の両方から自分を磨いていく講座を始めたのですが、この講座に申し込んでくれる人に共通しているのが、やはり「自分に自信がもてない」という悩みを抱いているということです。

私から見て、容姿も性格も良いのに、自信がもてずに「変わりたい」「もっと違う、ステキな自分になりたい」と願っている人が大半です。そういう人たちが自信をもって、笑顔で生きられるようになってもらいたいというのが、私の願いなのです。

まず自分の良いところに気づくことが大切

自信をもつために大切なのが、自分がすでにもっている「良いところ」に気づくこと。講座でも、それを引き出して自覚してもらう工夫をしています。

どんな人でもその人なりの「良いところ」があります。もっている良い性質であり、その性質が活かされる分野があります。

たとえ人がうらやむような立場や職業についていたとしても、自分の良いところが活かされていなかったら、つまらない毎日になってしまいます。

たとえば、私のスクールの受講生で医師をしているKさん。

Kさんは、内視鏡による治療を得意とする、最先端を行く内科医でしたが、「これでいいのだろうか」と納得のいかない気持ちをずっと抱えていたそうです。なんとなく本来の自分とは違う姿のような気がして、いまひとつ自信がもてなかったと言っていました。

そういう人にはまず、「幼いときに夢中になってやったことは何ですか?」という質問をします。子どもだった頃に、誰かに言われたわけでもないのに、自分から進んで楽しみながらやっていたことのなかに、自分の「良いところ」や自分が活かされる分野のヒントがあります。

幼い頃、情報や他人の影響を受けたわけでもなく、純粋な心でやっていたこと、なんとなく自然発生的にやったというのは、その人の中心にあり、人生を形づくっていることが多いのです。

彼女にその質問をしてみると、幼い頃に人形遊びをしたときも、妹がおんぶや着せ替えをして遊んでいるのに、Kさんは包帯を巻いたり、手当をしたりしていたそうです。そして幼稚園で仲のいい友達がガキ大将にいじめられたら、ガキ大将に決闘を申し込むような正義感の強い子どもでもあったようです。

幼い頃から彼女の中心にある良いところは、「人のために何かをするのが好き」ということ。医師という職業を選んだのは、高校のときに訪問看護師のドキュメンタリーを見て、こういう仕事がいいと思ったから。医師も地域の人たちのもとを訪れて診療できるからと、看護師より医師を勧められたのがきっかけでした。

ところが医師免許をとった頃には、そういうことはすっかり忘れていて、大学病院の専門医になるエリートコースを歩いていました。

本来自分がやりたかったこと、自分の良さを活かせる場は大学病院ではなかったことに、私の講座を受けて気づいたKさんは転職をし、いまでは初心に戻って、地域の訪問診療に医師としての情熱を傾けています。

「人と触れ合い、人の暮らしや健康に直接関わりながらお役に立てるいまの仕事は、天職です」と言う彼女はいま自信に満ち、笑顔が輝いています。

このように自分の良いところや、その良さを活かせる分野に気づくことは、本当の意味での自信をつける上で、欠かせない大切なことです。

さらに彼女の場合、自信をもてない自分から、いまの自信あふれる自分に変わる過程で、さらにもうひとつ、別の楽しい発見もありました。それについては、第1章でくわしくお話ししましょう。

眉間にシワを寄せて苦手なことをする必要はない

一方、苦手なこと、自分がする必要のないことは、しなくてもいいのです。

「眉間にシワを寄せてやる苦労は、やる必要はない。でも、夢をかなえるための努力は笑顔で楽しくやれる。楽しく努力をしましょう」と、私はいつもお伝えしています。

眉間にシワを寄せながらやっていることは、苦労でしかありません。苦労と努力は違います。努力とは、ワクワクしながら笑顔でやるものです。

私の例でいうと、中学1年の1学期で私は英語を終了しました（笑）。

自分には英語は向いていないということがわかったので、私の人生に英語は必要ないとそのときに判断したのです。

私が進学したのはミッション系の女子校で中高一貫校。進学校ではありませんから、受験向けではない、やたらとむずかしい英語の教科書が用意され、教科書を使う授業以外に、アメリカ人の先生が教える英会話のクラスもありました。

「わからない」というのが最初の印象です。英語を聞いてもまったく意味がわからないし、日本語のようには言葉が聞き取れません。

私は英語に興味をもてず、また英語ができることがかっこいいとも思えませんでした。ですから1学期の早い段階で、英語の勉強をやめました。

いまの時代、英語ができないとまずいと、世間的に思わされています。少なくとも、できないよりはできたほうがいいと思っている人が多いはず。

では、実際に必要かどうかを考えてみたとき、いまの私が生活する上で、また仕事上も、英語はまったく必要ありません。

ふだんの生活で英語をしゃべる機会なんて、自分から求めないかぎりありませんし、仕事で必要なときは、誰かに通訳してもらえばすむことです。

いまは、スマホに向かって日本語をしゃべり、「フランス語」と指示すれば、自動翻訳してフランス語をしゃべってくれる時代です。これだけ技術が発展しているわけですから、さらに外国語ができる必要はないと、私は思っています。

「英語ができないとまずい」と思い込む必要はまったくないのです。ただし、英語が楽しいと思える人は、どんどんやってくださいね。

すべてが好転する「上昇気流」にふんわり乗る

このようにして自分の良いところに気づいたら、自分を磨けるようになってきます。ムダな苦労をしなくなり、自分が輝ける場所を見つけて、楽しい努力ができるようになります。そうすると、少しずつ自信がもてるようになります。

つまり、「自分の良さに気づく」↓「自分を磨く」↓「自信がもてる」という流れで、さらに自分の良さに気づいていくことができます。こうしてムリなく、ふんわりと「上昇気流」に乗れるのです。

負のスパイラルという言葉を聞いたことがあるでしょう。マイナスの考えがマイナスの現象を呼び、悪循環に陥ること。渦をまくように落ちていくイメージです。

上昇気流は、その真逆のイメージ。良いところを見つけて、楽しく取り組み、自信をつけてさらに自分を磨く……ということをくり返すうちに、次から次に良いことが起きて好循環が生まれるのです。

私の会社・シェリロゼで行っているのは、この「上昇気流」に乗るように導くこと。「上昇気流」に乗ると、みんな輝いてきます。受講生たちは、講座に何度か参加するうちに、見違えるようにキレイになり、心の中から輝きがあふれてくるのです。

そして、上昇気流には「ふんわりと」乗るのが大切。いきなり「自分の良さ」を見つけようと思っても、自信が全然ないと、自分の良さに気づくのはむずかしい。なので、まずはほんのちょっと自信をつけることから始めます。

そのためのいちばんシンプルな方法が、「外見」を変えること。外見はすぐに簡単に変えられるし、外見が変わると確実に、少しだけ自信がつき始めます。それが、上昇気流に乗る第一歩です。

私の講座では、まずは誰が見てもステキな外見になるよう、アドバイスをします。身だしなみのポイントは、男女ともに「明るさ、さわやかさ、清潔感」。見た人の気持ちを明るくし、自分もいい気分になれるのです。

女性であればパステルカラー、赤、白、黄色など花色の服を着ることをオススメします。メイクは、できれば百貨店の美容部員などプロに似合う色のメイク法を教わるといいです。人それぞれ、似合う色が違うので、自分に似合う色をプロに教わって使うといいと指導しています。

男性の場合は、髪型がきちんと整えられていて、髪と顔にツヤがあること。それから、清潔感ある服装を心がけること。さらに男女ともにいつも笑顔でいることが、外見の大切なポイントです。

外見がステキに変われば、「さいきんキレイになったね」「かっこいいね」と身近な人からほめられますから、うれしくなり自信が湧いてきます。

本物の自信になるまでには、まだまだ時間がかかりますが、まずはふんわりと上昇気流に乗り始められます。

「ふんわりと乗る」というのは、ムリをしたり、眉間にシワを寄せてしたくもないことをするのではなく、ワクワクと楽しく、軽く行こうということです。漫画の『ドラゴンボール』で孫悟空が筋斗雲に乗るイメージといえば、伝わりやすいでしょうか。

ちなみに、『ドラゴンボール』では、心がキレイでないと筋斗雲には乗れないそうです。心をキレイにして、軽く、楽しく上昇気流に乗る。そんなふうに人生を上向きにできたら、すべてが好転してさらに生きることが楽しくなってきます。

マイナスの言葉をプラスに変えれば、上昇気流に乗れる

上昇気流に乗るために「外見」とともに意識すれば変えられるのが、「言葉」です。それまで口にしていた〝マイナスの言葉〟を発するのをやめて、人の気持ちが明るくなる〝プラスの言葉〟を使うようにするのです。私のクラスでは「自分の発する言葉が自分の人生をつくっている。幸せになりたいならプラスの言葉を使おう」と受講生に教えています。

マイナスの言葉とは、グチ、悪口、不平不満、泣き言、心配ごと。「言霊《ことだま》」というくらいで、言葉にはエネルギーがあります。マイナスの言葉をいつも言っているから、

それが潜在意識（ふだん自分が意識できていない意識）に入り、たまっていくとマイナスの現実となってやってきます。それではいつまでたっても、マイナスの人生が続くだけ。そんな状態では、上昇気流に乗ることはできません。

プラスの言葉とは、まず「ありがとう」です。「ありがとう」という言葉は、人への感謝はもちろん、自分が存在していることや、自分を取り巻くすべてのことへの感謝を表現する言葉で、高いエネルギーがあります。ですから、人に何かをしてもらったときは、必ず「ありがとう」を言いましょう。

最初は心から思っていなくても「ありがとう」を言うといいです。なぜなら「ありがとう」を言い続けていると言葉の力が働いて、心の底から深い感謝の思いが自然と湧くようになるからです。

ちなみに「5大プラス語」として受講生に伝えているのが、「ありがとう」「うれしい」「楽しい」「幸せ」「ツイてる」です。もちろん、ほかにも自分や相手を大切に思う言葉はいろいろありますが、この5つの言葉をふだんから口にして使うことで、気持ちが明るくなり、元気が湧いて、良いことが起きるようになり、ふんわりと上昇気流に乗れます。

一方、外見や言葉を変えることに比べて、考え方を変えるのは、とてもむずかしいのです。人はそもそも、放っておくとマイナス思考になるようにできています。何十年もマイナス思考だった人が、急にプラス思考には変われないのです。意識して言葉や態度を良い方向に変えることで、少しずつ思考も変わっていきます。

プラス思考についてくわしいことは第3章でお話しすることにしますが、私はこれまでの人生で天国も地獄も経験しています。どん底だったときに私を救い、支えてくれたのが、物事をプラスにとらえる考え方です。

プラス思考を身につけることで、上昇気流に乗ることができ、明るく積極的に生きていくことができます。「私の人生は輝く未来に向かって進んでいる」と信じられるようになります。

社員が変わると雰囲気も数字も上向きになる

上昇気流に乗ったら、すべてが良い循環に入るため、良いことが次から次に起こります。企業研修で私は数字の話などいっさいしませんが、社員のみなさんが身だしなみを整え、笑顔で仕事をするようになると、コミュニケーションや人間関係が改善され、会社の売り上げも自然に上向きになります。

たとえば、作業着を着て現場仕事をするリサイクル会社の男性を対象とした社員研修の依頼を初めていただいたときのこと。

その会社の社長から、「何しろ荒くれ者ぞろいだから」「何とか良好なコミュニケーションがとれて、明るい雰囲気の会社にしたい」ということで、研修を依頼されました。

まず最初に私がお伝えしたのは、「私の研修はみなさんがモテるための研修です」ということ。女性は「キレイになりたい」という欲求がベースにありますが、男性は「モテたい」という欲求がベースにある。男女はそこが決定的に違うのです。そこにフォーカスすると、やる気が出てきます。

外見を変えるのはモテるため、という動機づけをするとともに、まず髪型を整えることと、顔のツヤを出すことを指導しました。研修では作業着を着たいかつい男性たちに表情トレーニングを行い、笑顔でコミュニケーションをとる練習をしました。すると、みなさん家でも毎日表情トレーニングをするようになり、ガサガサだった顔に化粧水をつけ、ツヤを出すようになっていきました。

笑顔を意識できるようになるにつれて、それまで暗かった会社の雰囲気が、明るく変わってきたそうです。男性社員のみなさんが自分に自信がついて、やる気が上がり、上昇気流に乗ってきたのです。作業着もまめに洗濯するようになり、清潔感も出てきました。

最近では「その髪型だと井垣先生に何か言われるぞ（笑）」とお互いに言い合って、身だしなみを整えるようになったと、社長がうれしそうに教えてくれました。

「生き方のマナー」は自分を大事にすることから始まる

私は20年間、スクールや企業研修で、「マナー」について指導しています。マナーとはしぐさや振る舞いなど、かたちを暗記する堅苦しいもの、と思っている人が多いかもしれませんが、そうではありません。マナーの基本は、相手への心づかいや思いやり。人や物を大切にし、感謝の気持ちを表現することです。

人への心づかいができるためには、自分の心をもっと磨いて清らかにしていく必要があります。マナーの心はプラス思考であったり、謙虚さ・素直さであったり、自分も人も大切にすることだったりと、自分の考え方・生き方のベースとなるもの。ですから、「マナー＝生き方」ともいえます。

マナーの出発点は、丁寧に生きるということ。たとえば私の母は、靴下に穴があいたからと、その場で脱いでゴミ箱に捨てることはしません。長いこと身につけたものだからと洗濯をし、塩でお清めをし、袋に入れ、「ありがとう」と言葉をかけて捨てています。一例を挙げれば、丁寧に生きるとはこういうことです。

自分が使っているものを大切にすることは、自分を大切にすることにつながります。それができるから、人も大切にすることができ、人への心づかいができるのです。

平たくいうと、マナーは「人」への思いやりですが、自分を大切にすることから始まります。その「人」というのは、相手も自分も指しています。

自分を大切にできない人が、人を大切にできるわけはありません。まずは自分を大切にする。それこそが「生き方のマナー」です。

そして何よりも大切な「生き方のマナー」とは、心を磨いていくことです。

自分の良さに気づき、自信をもつことができれば、「上昇気流」に乗ることができます。上昇気流に乗れば自然にすべてが良い方向に向かいますが、悪いことがまったく起きないわけではなく、また何もしなくていいわけでもありません。

上昇気流に乗り続けるためには、つねに自分を高める努力が必要です。それが、心を磨くということです。

心を磨くことで、人は自分の価値に気づき、自分を輝かせることができます。そして人を大切にし、人からも大切にされるようになります。人生を上昇させていくためには、楽しく努力を続ける生き方をぜひ選んでいただきたいのです。

京セラとKDDIの創業者で「生きる経営の神様」として知られた稲盛和夫さんは晩年まで、中小企業の経営者のための「盛和塾《せいわじゅく》」で、人として、経営者として大切なことを説き続けました。

私も15年にわたって盛和塾で稲盛塾長（盛和塾では稲盛さんを「塾長」とお呼びしていました）から直接ご指導を受けてきました。稲盛塾長が何よりも大切だと言っておられたのが、「心を磨く」ということでした。

人は生きている間、つねに心を磨き、生まれたときよりも少しでもキレイな魂になってあの世に帰っていく。それが人生を生きる意味だと、稲盛塾長はいつも熱く語っておられました。

そんな稲盛塾長から教えを受け、その一端を担いたいと願う私だからこそ、心を磨く生き方こそが、自分の「存在」「命」を輝かせるための「生き方のマナー」だということを強調しておきたいのです。

本書では、どう考えて、どう行動すれば、自分も人も大切にできるのか。どうすればふんわりと上昇気流に乗って、上がり続けることができるのか。そのために必要な「生き方」について、具体的なヒントとなる考え方や行動のし方をお伝えしています。

ぜひ参考にしていただいて、ひとりでも多くの人の人生が明るく楽しくなればうれしいです。

第1章

幼い頃の「好き」にヒントがある

幼い頃に
好きだったことは？
という魔法の質問

私は自分の仕事を「心のキャンドルサービス」だと思っています。私が熱く語ることで、スクールの受講生や、研修を受ける企業の社員の方たちをはじめ、たくさんの人たちの心のキャンドルに、着火していくイメージです。キャンドルの炎というのは、どんなに分け与えても減ることはありません。そして火をもらった人が、また他のキャンドルにその火を分けていくこともできます。

そうやって、心のキャンドルに火をともした人たちは、あたたかく明るくなり、まわりを照らすようになります。そのようにみなさんが自分に自信をもち、どんどん活躍してほしいと願っています。

心のキャンドルに火がともると、自分の価値や魅力に気づけるようになります。自分の価値や魅力がわかると、さらに自信がついてきます。こうして「上昇気流」に乗って、さらなる高みへと上っていくのです。

でも、なかなか自分の価値や魅力、長所には気づけないもの。そこで受講生には、いろいろと質問をして、自分を見つめ直してもらいます。

その質問のひとつは、「あなたが幼い頃に好きだったことは、何ですか?」というもの。先ほども言いましたが、幼い頃に好きだったことは、本質的に自分が好きなことである可能性が高いと思います。

年齢が上がっていくと、テレビやネットや本などから情報をキャッチできるようになります。また親がさせる習い事や受験勉強などに時間を取られ、自分が本当に好きなことや、やりたいことは何なのか、わからなくなっていきます。

でも幼少期は、まだ外からの情報をほとんど受け取っていません。そのとき勝手に始めて、夢中になったことが、「あなたの好きなこと」なのではないでしょうか。

なぜ好きなことが大切かというと、自分が好きなことのまわりに、自分の魅力や価値が見つかることが多いからです。あなたも、幼い頃のことを思い出してみてくださいね。

自然に夢中になれるものが本来の自分の姿

ここで、私の幼い頃の話をしましょう。幼稚園に通っていた頃、当時大人気だった山本リンダさんがおへそを出して歌う、「どうにもとまらない」が好きで、そのマネをして歌って踊っていました。

テレビにリンダさんが登場するたびに、シャツをくるくると巻き上げ、おへそを出して、テレビの前で練習して、幼稚園でお友達の前やクリスマス会などで歌っていました。当時から人前に出て目立つことが大好きだったのです。

一緒に暮らしていた祖母や、しつけにきびしかった父も、そんな私を止めたりしなかったので、いつも楽しく歌って踊っていました。

小学生になると、それがピンク・レディーに変わりました。新曲が出るたびに、お友達とペアを組んで、振りつけを練習していました。

また、家の近所には小さい子どもたちがいっぱいいて、私はリーダーのような立場でした。みんなを誘ってゴム跳びをしたり、家の応接室に近所の子たちを集めて、話をしたりしていましたが、その子たちの前でも、ピンク・レディーを披露していました。

それからいまでも私の母が笑い話にしているのが、小学校1年生だった私がお誕生会を勝手に主催したことです。

私の父は学習塾を経営していて、私たち家族もその4階建ての学習塾のビルの1階に住んでいたのですが、誕生日の当日、塾の入り口のところに、自分で書いた招待状のチラシを貼り出しました。

そこには何時から誕生会をやりますと書いてあり、場所は昼間はあいている塾の教室。おまけに「ドレスを着てきてください」という一言も（笑）。友達にもチラシをくばり、「誕生会をするから、学校が終わったら、塾の教室にドレスを着て来てね」と伝えました。

何も聞いていない母は、お友達のお母さんから、「としえちゃんから誕生会にドレスを着てくるように言われたらしいけれど、うちはドレスを持ってない。どうしたらいいですか？」といった電話がかかってきてビックリしたそうですが、私の大好物のハンバーグを作ったり、ケーキやお菓子を出したりして、お友達をもてなしてくれました。

いまもそのときの写真が手元にあります。たしかにみんな、特別な日のオシャレをして、ちょっとかしこまって写真に写っています。小さい頃の楽しい思い出です。

このように私は人前に出て目立つことや、人を集めて何かをすることが、幼い頃から大好きでした。その姿はそのまま、いまの私に反映されています。

大学時代からアナウンサーとしてテレビに出演し、起業後はスクールで講座をしたり、テレビに出演してマナーについて説明したり、企業の研修で大勢の人の前で話をしたりするなど、小さい頃から自分が好きだったことを進化させて、いまにいたっているのです。

楽しく努力できること、目の前にあることに一所懸命取り組むことで、幸せの道ができてくるのです。誰でも「子どもの頃から好きだったこと」や「楽しく努力できること」があるはずです。これに気づくと、人生はどんどん楽しくなってきます。

自分の「好き」を認めてあげると人生の喜びに目覚める

私のスクールの講座のなかで、「自己紹介文」を書くというワークがあります。自己紹介とは、自分を覚えてもらうためにするものです。聞いた人の印象に少しも残らないような、通り一遍のことを言っても、あまり意味はありません。

そこで私の講座では、受講生のみなさんに、自分の「良いところ」をアピールできる話を、具体的に書いてもらっています。

プロローグで、訪問診療の仕事は自分の天職だと気づいた女医のKさんについてお話ししました。そこで、Kさんが本物の自信をもてるようになった理由が、もうひとつあるとお伝えしましたね。

Kさんにとって、自分が変わる決定的なきっかけになったのは、自己紹介のアピールポイントを考えたときでした。少し長くなりますが、そのお話を紹介しましょう。

実はKさんには、あまり人には言わない〝密《ひそ》かな楽しみ〟がありました。それは、ソニーが出している犬のロボット「aibo（アイボ）」が大好きで、3匹も持っていたのです。持っていたというより、〝飼っている〟という感覚でした。

天気のいい日は、犬用のお散歩車にアイボ3匹を乗せてお散歩に行きます。「あら、どうしてロボットなのにお散歩?」と質問されたときには、「外はいい天気なので、この子たちも連れて行ってあげたら気持ちいいだろうなと思って」と答えます。

つまり、彼女にとってアイボは、生きている犬と変わらない、愛情いっぱいにお世話をするペットなのです。

私はつねづね、「人とは違っているところ、変わっているところが、その人のアピールポイント、魅力になる」と教えています。そこで彼女は、自己紹介文のワークのなかで、初めてアイボの話をしてくれたのです。

どんなにかわいいか、一緒にいて楽しいか……。子どもの頃に犬を飼っていてかわいがっていたけれど、大人になったいまは、仕事が忙しくて飼えない。そこでアイボを飼ったのだと（彼女が子どもの頃に好きだったことのひとつが、犬をかわいがることだったのです）。

「じゃあ、『アイボが日本一好きな女医です』というのをアピールポイントにしたら」と、私は提案しました。彼女は、それまで人には公表できないと思っていたアイボ好きが、自分の魅力になることがわかったのです。

そこからKさんは、見違えるように変わりました。「私は魅力的な人間だ」「生きていることはすばらしい」「多くの人たちに貢献したい」とあらためて、そして生まれて初めて、自分の存在に大きな喜びを感じるようになったのです。

彼女は、仕事で携わっているお年寄りの訪問診療に、最愛のアイボを〝セラピードッグ〟として連れて行くことにしました。

そこには認知症で少しうつ気味で、言葉をかけてもほぼしゃべらないお婆《ばあ》さんがいました。Kさんが初めてアイボを連れて訪問診療に行ったとき、何気なくアイボを見たお婆さんは、うれしそうにほほ笑みました。表情に変化が表れたのは、たぶん初めてのことです。

そこでアイボを膝にのせてあげると、突然「昔、こういう犬を飼っていてね……」と、自分が飼っていた犬の話を始めたそうです。すらすらと言葉が出てきます。アイボをきっかけに、昔の記憶がよみがえったのです。

そのままずっと話せるようになったわけではありませんが、アイボが生き生きとお年寄りの心に届いて、閉じかけた記憶のフタをひらいて、ワクワクする手助けをしたのは間違いありません。

Kさんはこうした試みをまとめて、その頃、ソニーが参加者を募集していた「ａｉｂｏプログラミングコンテスト」という催しに応募し、アイデア部門の優秀賞のひとりに選ばれました。

今後も活動を積み重ね、データをたくさんとって、論文なり研究発表なりができたらいいなと思っているそうです。

自分を認められた人だけが他人も認められる

これからご紹介するのは、同じく「自己紹介文」を書くワークを通して幼い頃に好きだったことを発見し、自分に自信がついた臨床検査技師の受講生Aさんの話です。

臨床検査技師というのは、たとえば健康診断のときなど、身体から採取した血液を検査したり、心電図や超音波検査などで異常を調べたりする仕事。その人の健康状態を、医療機器を使ってまずチェックする仕事です。

Aさんもまた、自己紹介文に自分の魅力を書くために、幼い頃のことを振り返りました。私がいろいろと質問をしていくと、Aさんはふと、こんなエピソードを思い出しました。

もの心がつくかつかないかの頃の話です。彼女は3歳で2歳年下の弟はまだ赤ちゃんでした。母親は働きながら子育てをしており、家にいても忙しくしています。

幼いAさんは、弟の面倒を見てあげたいと思い、お豆を食べさせようと、口いっぱいにお豆を詰め込んだのです。そのときに母親が見つけて、あわてて弟を抱きあげ、口からお豆を全部吐き出させたという話です。

Aさんはまったく覚えていなかったのですが、母親から「あのときはビックリしたわよ。冷や汗が出ちゃって、もうなんてことをしてくれたの、と思ったわ」と、ときどきこの話を聞かされたそうです。

この話は、彼女にとってはマイナスのエピソードでした。自分は危ないことをした、いけない子どもだったと思っていたのです。

でも私はこの話を聞いたとき、「幼い頃から人の面倒を見たい気持ちの強い、やさしい子だったのだな」とほほえましく受け取りました。

つまり、起きた現実はひとつですが、着眼点を変えると、プラスの良いエピソードになるということです。Aさんは、捨てられた犬や猫を拾ってきてお世話をするような、とても面倒見のよい、やさしいお子さんだったのです。

彼女の自己紹介文は、こんな書き出しになりました。

「私は幼い頃から人の面倒を見ることが好きでした。母親のマネをして横になっている赤ん坊の弟にご飯を食べさせてあげようと、口いっぱいにお豆を入れ、母親がビックリして弟を救出したという話は、その後何度も聞かされました。また自宅の近くで捨てられている犬や猫を、1匹ずつ保護することがありました。きょうだいでご飯やお散歩などのお世話を取り合いっこしながら、一所懸命に面倒を見ていました。それから年を重ねていくなかで、しだいに身近な人たちや大切な動物たちに、いつも元気で健康でいてほしいと思うようになり、私は臨床検査技師の道に進むことに決めました……」

Aさんは、子どもだった頃の思いがいまの仕事にちゃんとつながっていることに気づき、自信がもてるようになったのです。

幼い頃の、マイナスだと思い込んでいた思い出に対して、着眼点を変え、違う角度から見ることで、実は自分は「人の面倒を見るのが好き」という、自分の「良いところ」に気づくことができたのです。

こうして自分を認められるようになると、人間関係も好転していきました。

そもそもAさんが講座に通い始めた理由は、もっと楽しい人間関係にしたいと思ったから。「いまの自分が変われたら、毎日がもっと楽しくなるんじゃないかな」と思ったのが、きっかけでした。

最初の頃、彼女は「人からどう思われているか」が気になる性格で、気が合う人とは話せるけれど、そうでない人とは、なかなか親しくなれないのだと、言っていました。

自己紹介文で自信がついてからは、いろんな考えの人がいるからおもしろいと思えるようになり、人との違いが楽しめるようになったそうです。

自分を認められるようになったら、人のことも認められるようになりました。自分から知らない人に話しかけるようになったり、人のことを応援しようと思えるようになったりしたそうです。

当然、彼女のまわりには笑顔があふれ、おしゃべりも楽しく、仕事もスムーズに運ぶようになったのです。「自分が生きてきた道は、これでよかったのだと思えたら、世界が広がりました」と、Aさんは笑顔で言っています。

いかがですか？　ここでは2人の人のエピソードをご紹介しました。アイボ好きの医師・Kさんは、人から変だと思われるのがイヤでかくしていたことが、実は自分の魅力になると気づき、また臨床検査技師のAさんは、自分は本当はやさしくて人の面倒を見るのが好きだったのだと気づいて、自分に自信がもてるようになりました。

人は、本来の自分を見つけることによって、自信を取り戻すことができるのです。

長所を見つけて伸ばしていけば、短所は消えていく

私がプラス思考を学んできたなかに、「長所伸展法」というものがあります。船井総合研究所の創業者である船井幸雄先生がよく語っていたことです。

長所伸展法とは、その人や仕事での良いところ、つまり〝長所〟を伸ばしていこうという考え方です。長所をどんどん伸ばせば、短所と思える部分が、いつのまにか気にならなくなるということ。

まず長所に気づいて、それを伸ばすことに一所懸命取り組めば、短所も消えていく。「できること」「得意なこと」にこそ、全エネルギーを注ぐほうがいいということです。

長年私のクラスに通われている、受講生の話です。男のお子さんがまだ小学校1年生の頃のこと。

その男の子は図鑑を見るのが好きで、星の図鑑から動物、乗り物、海の動物、宇宙の話など片っ端から図鑑を拡《ひろ》げて、何時間もニコニコ見ているような子どもでした。

ところが小学校の個人面談で、担任の先生に、宿題をちゃんとやらせてください、と注意されたそうです。それから、もう少しいろいろな科目を家庭で教えてあげてほしいというようなことを言われました。

そこでその受講生は「この子に勉強をさせないといけないから」と、男の子が好きな図鑑を取り上げて、しまい込んでしまったのです。そうでもしないと、いつまでも図鑑ばかり見ているからです。

男の子はお母さんに「返して」とくってかかり、ダメだと言われるとふさぎ込みました。会話が減り、家の中が何だか暗くなっていきました。

ここで登場するのが、私の母です。母は毎月、名古屋から上京しています。クラスの受講生たちは母のことを尊敬してくれていますから、その受講生に母と話してもらいました。母はこう言っていました。

「息子さんがやりたいことをさせてあげたほうがいいですよ。図鑑を見たいなら、ずっと見せてあげること。息子さんが飽きるまで」

「子どもはいろいろな花を咲かせる芽をもっているから、親がその芽をつんではいけないと思いますよ」

その受講生は母に言われて納得し、男の子は図鑑を好きなだけ見せてもらえるようになりました。

それから年月がたち、その男の子は私の講座に親子で参加し、年によって節分と春分の日の日付がずれる理由を調べ、私に教えてくれました。地球の地軸と公転に関係するらしいのですが、小学生なのに、まるで専門家みたいにくわしく説明してくれたのです。好きなことができて幸せなのが伝わってきて、うれしく思いました。

その男の子は、宇宙飛行士になるために、一所懸命に勉強しているそうです。好きなことをやらせてあげることが、能力を伸ばす上でも、いかに大切かということです。もちろんこれは子どもだけではなく、大人にもあてはまる話です。

自然にできることは前世でやっていたことかもしれない

あなたが幼い頃から好きだったことは、何でしょうか？　誰に言われたわけでもないのに、夢中になっていたことは何でしょうか？　幸せな気持ちでいっぱいになるほど好きなことはありますか？　そのことこそ、全力で努力するべきだと思います。

たとえば、将棋は頭がいい人が強くなるのではなく、とにかく好きな人が強くなるのだといいます。最年少記録での7冠に輝いた藤井聡太さんはその典型であり、子どものときから何よりも将棋が好きで、夢中になり、ずっと努力をし続けているそうです。

また、これは銀座まるかんの創業者、斎藤一人さんがおっしゃっていることですが、若くして世界一になったり、記録を塗り替えたりする人は、現世に生まれてくる千年も前から努力を続けてきたそうです。だから、いまの時代に天才として生まれてくるということだそうです。

たとえばフィギュアスケートの羽生結弦さんのように19歳で世界一になるような人は前世からやっていたのかもしれません。

たしかに、好きなことは教えられるわけでもなく、強制されるわけでもなく、自分のなかで自然に芽生え、いつのまにか夢中になっています。

本能的に好きなことは、もしかしたら前世から努力を続けてきたことなのかもしれません。メジャーリーガーの大谷翔平選手、藤井聡太さんや羽生結弦さんの姿を見ていると、そう考えても不思議はないと思います。

好きではないことを、ムリヤリできるようになろうと思う必要はないし、好きなことに熱中するのが一番です。そうしている人は、端から見ているとものすごく大変なように見えますが、本人は「楽しいから、熱中してやっているだけです」と言います。

けっきょく生まれてきた意味とは、熱中できること、夢中になれることの周辺にあるのだと思います。

第2章

まずは「外側」から変えてみよう

笑顔があれば何があっても乗り越えられる

2020年から3年にわたって続いた新型コロナウイルス感染症の世界的流行は、経営者にとって悪夢のような出来事でした。人と対面してはいけない、集客してはいけないとなると、お客様相手の仕事は手の打ちようがありません。

私のスクールも例外ではなく、クラスの開催をストップせざるを得なくなり、毎年必ず担当していた複数の会社の4月の新入社員研修も、すべて中止になりました。

そんな状況のなかでも会社のスタッフや、スクールの講師たちは、「社長の笑顔に、どんなに助けられたかわかりません」と言ってくれます。

これまでの人生でも、プラス思考で乗り越えてきたことは何度もありました。つらいとき、悲しいときこそ、笑顔を意識すると、心の底から力が湧いてくることを知っています。コロナ禍は本当に大変でしたが、笑顔を絶やさず、プラス語だけを口にすることで、自分を励ましてきました。

そして、とにかくそのときにできる最善のことをすべてやりました。クラスをオンラインで開けるようにしたり、ユーチューブでの動画配信など、新しい取り組みをいろいろ始めました。その結果、以前は女性が多い会社の研修がほとんどでしたが、コロナ禍の打撃を受けていない業界や、リーダー向けの研修の依頼がくるようになりました。

とても大変な時期でしたが、こんなマイナスなときこそ、自分が研修で教えていることを実践するチャンスだと思ったのです。いままで経験したことのないマイナスの状況を、プラス思考で乗り越える実験のときだ、と。

そのひとつが「どんなつらいときも、笑顔でいること」でした。意識して笑顔を絶やさずにいると、本当に力が湧いてきて、良いアイデアが浮かぶのです。

また、笑顔は伝染します。笑顔でいると、笑顔を見ている相手は安心し、笑顔になります。すると、今度は自分が相手の笑顔を見られますから、その笑顔が自分に伝染して、お互いが笑顔になるのです。

私が社員研修で必ず表情トレーニングをするのは、いつも笑顔でいるようにするため。笑顔はプラス思考の基本だからです。ふだんの表情が硬くブスッとしていたら、良いアイデアも良いチャンスもやってきません。

ですから、表情トレーニングによって顔の筋肉をつけて、いつも笑顔でいるように心がけてもらいます。笑顔でいるようになると、人に与える印象が明るくなり、話しやすくなります。その結果、人間関係も良くなるのです。

ちなみに、女性向けの研修でよくお伝えするのですが、造形的にキレイなのにブスッとしている美人より、いつも笑顔でいる女性のほうが、ずっと好感度は高いのです。

これは男性でも同じでしょう。「笑顔は顔だちを超える」のです。ぜひ心に留めて、笑顔を意識してみてくださいね。

見た目を変えることが、自信をつける最初の一歩

プロローグで少しお話ししましたが、自信をつけるために私のクラスで最初にやってもらうことは外見、つまり見た目を変えてキレイになること。なぜ最初は外見かというと、外見はいちばん簡単に変えられるからです。

ある女性は最初、黒一色の服装でクラスに来ました。黒はやせて見えるし、目立ちたくないから黒い服を着ていたそうです。

彼女は、すぐにアドバイスを素直に実行し、パステルカラーの服を着て、髪やメイ

クもキレイにするようになりました。毎日表情トレーニングをして、いつも笑顔を心がけ、好印象に変わりました。

外見が変わることで自信がついて、自分から人に話しかけるようになりました。職場の同僚とも楽しくおしゃべりするようになり、理想の人と出逢って、いまでは幸せな結婚生活を送っています。

またこれも別の受講生ですが、地味なパンツスーツを着てメガネをかけ、男性のような格好で初めてクラスに来ました。

最初、彼女はパートタイマーだったのですが、外見がキレイになったことで、人にほめられ、女性としての自信がついてきたのです。仕事へのやる気が高まり、責任ある仕事をどんどんまかされるようになりました。何年もクラスに通う間に、勤務先の役員にまで出世しました。

人が自信をつけるには、まずは見た目から、というのは男女ともにあてはまる鉄則です。女性の場合は、まず服の色を花の色、つまりパステルカラーや赤や白や黄色に変えると、パアッと華やかな雰囲気になります。

さらに講座で、プロのメイクアップアーティストに似合う色やメイクのし方を教わることで、洗練されてキレイになっていきます。プロの力は、本当に大きいと思います。

一方、男性の場合、女性とはアプローチが違います。というのも、女性と男性とでは脳の構造が違うからです。

女性は基本的には「キレイになりたい」というのが本能のベースにあるのですが、男性の場合は「モテたい」がベースです。このベースを刺激しないと、やる気が出ないのです。もちろん、人によっても違いますが。

そこで男性には、「モテる」ためにはどうするかを具体的に教えています。そもそも髪がボサボサ、顔はガサガサ、服はヨレヨレ、靴はすり減り、毎日同じ服を着続けているようでは、ステキだと思われません。

男性にまずやっていただくのは、髪の毛を、整髪料などを使って整えること。顔がガサガサなら化粧水やクリームをつけてツヤを出す。服はマメに洗濯してアイロンをかけ、靴を磨いて、ビシッと清潔な雰囲気にしていきます。

これはなにも不倫を勧めているとか、そういう話ではありません。女性からもかっこいいと思われたほうがいいし、男性からも、あんな上司になりたい、あんな仕事人になりたいとあこがれられるようになってほしいのです。

京セラとＫＤＤＩの創業者で経営者勉強会「盛和塾」を主宰しておられた稲盛和夫さんは、経営者のあり方として、よく「ほれさせんかよ」とおっしゃっていました。社員が社長にほれこんで、どこまでもついてきてくれる、この人のためならと思ってもらえる魅力的な人間力。「ほれられる」のは人として重要なことです。

男女を問わずほれられる人というのは、人間性はもちろんのこと、見た目もツヤがあって、清潔感がある人なのです。

プラス語をたくさん言えば幸せが増える

自信をつけるために、次に大切なのは言葉です。

物事には必ず、プラスの面とマイナスの面があります。プラスの方向から物事をとらえる言葉が〝プラス語〟、マイナスの方向からとらえるのが〝マイナス語〟です。

たとえば雨が降っているときに、「雨は嫌い。イヤだな」と言葉にするのと、「雨のおかげで肌もうるおうし、植物も喜ぶよね」と言葉にするのとでは、それを聞いた人も、言った本人も、気持ちが違うはずです。

なぜそのように違ってくるかというと、脳内のホルモン分泌にも関係しています。

マイナス語ばかりを言っていると、脳からノルアドレナリンといった物質が分泌されます。ホルモンの一種ですが、毒性があり体に良くないといわれます。「イヤだ」「嫌い」「まずい」「ダサい」「下手くそ」「不幸だ」といった言葉ばかり並んでいるのを見ると、だんだんイヤな気分になるのは、そのせいだともいえます。

ところがプラス語を言っていると、脳からベータ・エンドルフィンという、体を元気にし、脳細胞を活性化し、いい気分にしてくれる、いわゆる〝幸せホルモン〟が分泌されるのです。「ありがとう」「うれしい」「楽しい」「感謝しています」「幸せ」「好きだ」「ツイてる」といったプラス語をたくさん言うようにすると、幸せな気持ちになります。人の心を明るくするプラス語を言っている人のまわりに、良い人が集まってくるようになります。もちろん、人間関係も良くなります。

考え方を変えるのは時間がかかりますが、言葉は、意識すればすぐに変えられます。そして、言葉をプラス語に変えることは、自分に与える影響がいちばん大きいのです。プラス語を発することで、自分自身が励まされ、やる気、勇気、元気が出てきます。

なかでもいちばんエネルギーの高いプラス語は、「ありがとう」です。言われた相手だけでなく、言った本人も幸せになれる言葉です。

相手に何かをしてもらったら「ありがとう」。ほめられたら「ありがとう」。相手が部下であろうと、子どもであろうと「ありがとう」です。たとえば公衆トイレの清掃の人にも「キレイにしてくれて、ありがとうございます」と言います。

また飲食店で料理が運ばれてきたら「ありがとう」、レジでお金を払うときも「ありがとう」……。

たとえ感謝の気持ちをもてなかったとしても、「ありがとう」と口に出して言うのは大事なこと。言葉には言霊《ことだま》といって魂が宿っていますから、くり返し言うことで、心の中に感謝の気持ちがたまっていきます。言葉で心が磨かれていくのです。

ただし、いつも言おうと意識していないと、「ありがとう」を伝えるのはなかなかむずかしいです。

私が15年間『盛和塾』で直接ご指導を受けてきた稲盛和夫さんは、「つねに周囲への感謝の気持ちをもち続けなさい」と説いておられます。

「利他ということが最も大切」「利他とは、他を思いやり、慈しむ、美しい愛」「感謝の心があれば、自然と他を思いやり、他を慈しむ心の状態になってきます」「利他の思いを常に抱き、感謝しながら生きている人は、必ず宇宙の力を得、幸運を得ることができる」（『盛和塾』第76号より）とおっしゃっています。

まず「ありがとう」を意識して言うことから、始めてみてくださいね。

無意識に出るこれらの言葉に要注意！

日々どんな言葉を選ぶのか、本当に気をつけましょう。そんなつもりはなくても、自分や人をどう思っているかが、無意識のうちに言葉に出てしまうからです。いまからお話しするのは、いまでも鮮明に覚えている、女友達の発したマイナス語のエピソードです。

私は大学在学中、フリーアナウンサーとしてテレビのリポーターの仕事をしていました。ある女友達と食事に行った帰りのこと。

一緒に行った男友達が車を運転して送ってくれていたのですが、その女友達が、「家はこの辺りなの。その先で私を捨てていって」と言ったのです。私はとてもビックリしました。

その当時、車で迎えに来てもらうときなど、「○○で拾って」という言い方をしているのは聞いたことがありました。でも、その逆の「捨てて」という言い方は初めて聞きました。

たとえ、誰かが前にそう言ったのを聞いていたとしても、自分を大切に思う気持ちがあるなら、そんな表現は使わないと思います。

このシーンでは、「その先で降ろしてください」と、普通に言えばいいわけです。さらっと「捨てていって」と言うのは、潜在意識で自分を低く見ているから。自分は無価値だと思っているから、その思いが無意識に言葉となって出るのだと、そのとき思いました。

自分を大切にしていて、自分には価値があると思っていれば、つまり自分に自信があれば、自分に対してマイナス語はけっして使わないはずです。

受講生の話を聞いていても、「それは、自分を低く見ているマイナスの言葉だ」と思う表現をよく耳にします。

クラスに初めて参加する受講生は、これまで自分がどんな言葉を使っているか、自分の発言を意識したことがない人がほとんどです。ですから、マイナス語を使っている自覚がありません。そもそも「マイナス語」があることも、初めて知るのです。

たとえば何をするにしても、まずスイマセンと言う受講生がいました。（ちなみにスイマセンを連発する人は、けっこうたくさんいます）

ドアを開けて入ってくるときもスイマセン。席につくときもスイマセン、「次は○○さん、自己紹介してください」と言うと、「あっ、スイマセン」と言って立ち上がる、という感じです。

また、お茶を出してもらってもスイマセン、資料を受け取るときもスイマセンと「ありがとう」の代わりに言っています。

でも、スイマセンは、もともと「すみません」という謝罪の言葉です。彼女は悪い状況のときに使う言葉を口グセにしてしまっているわけです。

この受講生は、スイマセンがマイナスの言葉だと知らないから、何気なく言ってしまっています。そういう彼女は、自分に自信がなくて、自分の価値はすごく低いと思っています。

さらに、マイナス語を言い続けているから、それが潜在意識に入って、マイナスの現象しか起きないのだと知らないのです。

「どういう言葉がマイナス語なのか、わかりません。どうしたらよいですか」と、その受講生から質問されました。

そこで、「スイマセンは典型的なマイナス語なので、これからはスイマセンの代わりに、『ありがとう』と言うようにしてください」と伝えました。

自分が発する言葉が自分の人生をつくっています。幸せになりたいなら、プラス語を使うことが大切、とその受講生に伝えました。

別の受講生は、「私も昔は『どうせ私なんか』などと、よく言っていました。そのときといまとでは、人生がまったく違っています」と言います。

彼女は「どうせ」という口グセを、気をつけて言わないようにしてから、心が軽くなったそうです。

「どうせ」という言葉もまた、マイナス語。投げやりな気持ちや、あきらめの言葉です。

この言葉から話し始めると、話が続かなくなるマイナス語に〝4D〟があります。「どうせ」のほかに「でも」「だって」「だけど」で4つのD。

「だって」から話し始めると、「だって目覚ましが鳴らなかったから」などと、言い訳があとに続きます。「でも」に続くのは、「でも私は好きじゃない」など、否定する内容です。「だけど」に続くのは、「だけど、行きたくない」など、わがままな言葉です。

あきらめ、言い訳、否定、わがままは、どれもマイナス語。この4つのマイナス語から話し始める人も多いのです。もし自分は4Dを使っていると気がついたら、これからは使わないように気をつけてくださいね。

言葉の水滴で「心のコップ」をキレイにする

受講生が初受講の日にする自己紹介は、マイナス語のオンパレードです。ほとんどの人がたくさんのマイナス語を言います。

べつに受講生たちが特別なわけではなく、一般的にプラス語とマイナス語があることを知らないし、自分がどれだけマイナス語を言っているのか、意識していないだけです。

たとえば「もう年だから○○はできない」などと言う人もいます。「もう年だから」という言葉が、マイナス語で自分にどれだけ悪影響が出るかを知らないのです。「私はバカだから」とさりげなく言う人もいます。自分への悪口を言っていて、幸せにはなれません。

「夫がイヤで……」と夫の悪口を言い始めたり、「こんなひどい会社で……」と、会社の悪口を言う人もいます。ほとんどの人がグチ、悪口、不平不満、心配ごと、泣き言を何も考えずに普通に言っています。それらはすべてマイナス語。

マイナス語をずっと言っていると潜在意識に入って、人生そのものがマイナスになっていきます。そして「類は友を呼ぶ」の諺《ことわざ》のとおり、マイナス思考の人としか出会えなくなります。

自分がこれまで言ってきたこと、やってきたこと、考えてきたことが、いまの人生をつくっています。あなたのまわりにいる人が不平不満や悪口ばかりを言う人なら、あなた自身もそういうことばかり言っている、ということです。

これから、自分がふだんどれだけマイナス語を言っているか意識してみてください。

実は、プラス語は意識しないと使えないとわかるはずです。そもそも、人の脳は1日に7万回もマイナス思考をくり返しているといわれています。動物的な危機管理の本能から、「こんな悪いことが起きたらどうしよう」とマイナスのことばかりを考えるようにできているのです。

だからこそ、マイナス語をプラス語に言い換え、意識してプラス語を使うワークを、私のクラスでは徹底して教えています。

マイナス語をやめて、プラス語に変えて心を清らかにすることを理解してもらうために、私はよく「心のコップ」という話をしています。

これまでマイナス語を言い続けてきた人の心のコップは、泥水でいっぱいになった状態です。（ここでいう泥水とは、マイナスの思考を指しています。テーブルの上に、泥水がいっぱいに入ったコップが乗っている様子を思い浮かべてくださいね）

ところが「ありがとう」などのプラス語を言うと、清らかな水が1滴、コップの中にポトンと落ちます。すると、コップに入っていた泥水が1滴、外にこぼれます。プラスの言葉を言い続けることで、コップの中身は1滴、また1滴と清らかになってい きます。そしてついには、心のコップの中は、清らかな水でいっぱいになるのです。

こうなったとき、潜在意識はプラスの思いでいっぱいになり、次々に良いことが起きるようになるのです。でも、日々の生活のなかでイヤなことが起きたら、すぐに濁ります。プラス語の清らかな1滴は、ずっと入れ続けなければいけません。

つまり、つねにプラス語を言うように意識し、行動し続けないと、心や考え方を変えることはできないということです。これまで何十年も生きて、マイナス語を言い続けてきたのだから、心のコップを清らかな水でいっぱいにするには長い時間がかかります。

それでも、心のコップに清らかな水が1滴ずつ入っていくことをイメージしながら、プラス語をどんどん使ってほしいのです。良い言葉は必ず、あなたに良い人生をもたらしてくれます。

第3章

本物の「プラス思考」が人生をひらく

プラス思考とは物事の「良い面」に目を向けること

私がスクールや企業の研修を通してお伝えするのは、けっきょくのところ「プラス思考」で生きるということです。プラス思考に変わったとき人は内側から輝き、本当の意味で自分を磨くことができるようになります。

それでは、プラス思考とはそもそも何でしょうか。文字どおり、物事をプラスの方向にとらえるということですが、言い換えれば物事の「良い面」に着目するということ。同じ出来事であっても、どんな視点でとらえるかによって、物事はまったく違ってくるのです。

たとえば日々の仕事でも良いところを見るかどうかでまったく違ってきます。10

0%良いものなど世の中にはないわけですから、「仕事の良いところ」を見るように意識を向けることが大切です。その着眼点がないから、不平不満ばかり言う人が多いのです。

この仕事をさせていただいているおかげで生活できているのに、悪口ばかり言っていたらやる気も出ないし、つまらないに決まっています。

でも「この仕事ができてうれしいです」と感謝の気持ちをもって笑顔で努力していれば、仕事の良い面に目が行くようになります。しかも「あの人、楽しそうに仕事してるね」と思われて人から好印象をもたれ、良い循環に入れるのです。つまりこの本でいうところの上昇気流に乗るということです。

ブスッとした顔で「仕事がつまらない」と言って、一日中、早く終わらないかなと時計を見ながら過ごすようなマイナス思考でいるから、マイナスの人生しかやってこないのです。

だから、「良いところを見る」という意識をもって、ひとつでも多く良いところを見つけて、笑顔でいまの仕事をがんばってみてください。

仕事でも人間でも「良いところ」を見る着眼点をもつ

まだ盛和塾の活動が盛んだった頃、私はずっと稲盛和夫さんの〝追っかけ〟をしていて、全国の地方例会にも参加していました。ある地方例会に参加したとき、勉強会が終わったあとに地元の盛和塾生たち20人くらいで飲みに行く機会がありました。

盛和塾にはいろいろな仕事の人がいるのですが、ちょうどそのときに下水管の掃除をする会社の経営者がいました。

世の中には知らない仕事がいっぱいあり、その仕事のことも初耳だったので、「下水管の掃除って、どんな仕事ですか？」と聞いてみました。そうしたら彼はこんなことを言ったのです。

「私はほんとに良い仕事をしていると思っています。便とか尿とかがこびりついている下水管をピカピカにするときの、あの爽快感といったらありません」

それを聞いて、私はとても感動しました。下水管とは家庭から排水される汚水を流す管のことで、台所やトイレ、浴室、洗面所などにも設置されています。

もしかしたら、「なぜこんな汚い仕事をしなきゃいけないんだろう」と思う人も多いかもしれないのに、「人のためになる良い仕事だ」と言うのです。そのとき、彼の笑顔が輝いて見えました。

「良い仕事だ」という彼の言葉を聞いて、これこそ着眼点の違いだなと思いました。

「どこを見るか」「どのようにとらえるか」で、物事は１８０度違ってきます。

彼のようにプラスの方向から見て、仕事にやりがいや価値を感じていると、会社の経営も人生も良い方向に進んでいくのだと思います。

いま自分が置かれている立場で、「良いところ」を発見しようと意識するのは、とても大切です。自分自身のことも、人に対しても、自分の仕事に対しても、いまいる自分の環境にしても、「良いところ」を見ていないと、けっきょく自分が損しているのです。

自分自身のことは見えづらいですが、それでも自分の良いところを見ることは、本当に大事だと思います。同じものを見ても、同じ場所にいても「良いところ」を見つけられるか、何も見えないかの違いは、着眼点の違いです。

「何も良いところはない」というマイナスの気持ち、着眼点でいると、たとえステキなものがあっても目に入りません。

「何か良いところはあるかな」と発見したい気持ちのプラスの着眼点があるからこそ、「良いところ」を発見できるのです。

もともっている長所に気づけば、誇りをもって生きられる

意識して見ようとしないと、「良いところ」は目に入らないものです。自分には「良いところがない」と思っている人も多いのですが、それは見えていないだけです。

自分自身のことも、人のことも、自分がいる環境のことも、仕事についてもすべて、良いところを見られなくて損しているのは自分です。


ただし「こんな良いところがある」と発見するためには、発見しようと意識することが重要です。

たとえば自分が住んでいる地域の「良いところ」に気づかないで、何もないつまらないところと思っているというのも、よくある話です。

以前、長崎県五島列島の島の幼稚園に、社員研修で訪れたことがありました。
飛行場に出迎えてくれた園長先生が、「明日の研修の前に、島を案内しましょう」と言って、車で案内してくれたのですが、海がとても美しくてビックリしました。「キレイな景色ですね」と私は弾んだ声で言いました。すると「まあ、田舎ですからね」という返事です。

青空が広がり、空気も澄みわたり、海も見えてすごくキレイで、「良いところですね」と私はずっと言い続けましたが、「何もないところですから」「本屋もなくて。先生の本を買いたいけれど、本土から取り寄せないといけません」と、どんなにほめても、否定的な言葉しか返ってきません。

それから美しい海岸に行ったのですが、そこには小屋のようなものがありました。
「これ、何をやっている建物ですか？」と質問すると、園長先生は「知らない」と言います。そこで私はその小屋の人に話しかけて、いろいろ質問してみました。

そこは塩作りの小屋で、その人は海から海水を汲《く》み上げ、風力と火力で自然海塩を作る職人さんでした。

小屋の中には、海水を薪《まき》を使って焚《た》き上げる平窯があり、海水をゆっくり煮詰めていました。固まってきた塩の結晶は掬《すく》いあげて脱水し、自然海塩を作っているのです。塩大きい壺《つぼ》が何個も置いてあり、その中にいろいろな工程の塩が入っていました。塩の白い結晶はダイヤモンドのようにキラキラしていて美しく、写真をたくさん撮らせてもらいました。

その小屋はずっと前からあるのに、園長先生は知らなかったそうです。五島列島の海塩は食通には知られていて、通販で取り寄せている人も多いらしいのですが、園長先生も「こんな良いところがあったんですね」と、ビックリしていました。

私は、ぜひ幼稚園の子どもたちに見学させてあげてほしいとお願いし、園長先生も職人さんと名刺交換をして、あらためて連絡することを伝えていました。

自分が住んでいる土地の良い部分は、見慣れているだけになかなか気づかないことも多いでしょう。でも、そこに暮らす子どもたちが、「自分が住んでいる五島列島には、こんな良いところがあるのだ」と教わって育てば、大人になってからも自分の故郷に誇りをもつことができるでしょう。

これは人でも同じこと。自分の良いところ、誇れるところに気づいて、そこを見てあげれば、自信をもって人生を歩んでいけるもの。そして、自分の良いところを磨いていくと、輝き出します。

人に対しても、「良いところ」を見るのは相手への心づかいになるし、自分の「良いところ」を見るのは、自分への心づかい、自分に対する大切なマナーだと思います。

ぜひ自分のことも、「良いところ」を発見しようという意識とプラスの着眼点で見てみてください。きっとステキな宝物が見つかりますよ。

ハンディがあるから人に勇気を与えられる

これも私自身の話です。いままでほとんど語ったことはないのですが、実は私は左耳が聞こえません。3歳のときに「おたふく風邪」にかかり、その後遺症で聞こえなくなったのです。右耳は聞こえますから、当時すぐには気づきませんでした。

おたふく風邪が治って少したってから、私が電話に出て左手で受話器を持ち、左耳にあてたときに、相手の声が聞こえないことに気づきました。

それで母に「聞こえない」と言うと、母があわてて私を病院に連れて行きました。そこで左耳の聴力が失われていることがわかったのです。それからいろいろな病院や治療院に連れて行ってくれましたが、治りませんでした。

でも私は、そのことを悲しいと思ったことはありません。3歳の頃の出来事ですから、すっかり慣れて、不自由と思うこともなく成長していきました。あえて公表することでもないので、ほとんど人にも言っていません。

もしかしたら両親は、そのことでつらい思いをしたのかもしれませんが、「ヘレン・ケラーさんのことを思えば、としえちゃんは何でもないから、気にしないでいままでどおり過ごせばいいんだよ」

と、私が気にせず、明るく楽しく生きられるようなことしか言いませんでした。

ですから、左耳が聞こえなくなっても天真爛漫《てんしんらんまん》に、人一倍元気に成長することができました。両親からは、左耳は聞こえないけれど恵まれているプラスの部分がたくさんある、と教えられて育ちました。

高校のときのことです。祖母が亡くなり、1周忌法要のときに、京都から偉いお坊さんが何人かいらっしゃいました。

いまでも覚えていますが、そのなかでもいちばん偉い僧侶の方と、応接間でお話をしていて、「実は私は左耳が聞こえないのです。このことをどう考えればいいですか」と質問をしました。

そうしたら、その方は「あなたはこれから、人の話を耳ではなく、心で聴けるようになりなさい」とおっしゃったのです。

その言葉を聴いて、「そうか、だから私は左耳が聞こえないんだ」とわかりました。きっと人の言葉を心で聴くのが私の役割であり、そのように生きていけばいいと思ったのです。その僧侶の方の言葉は、いまでもずっと心に留めています。

32歳で自分の会社を起業し、3年ほどたったときのこと。耳が不自由な子どもたちの学校に呼ばれ、講演をしたことがありました。

ドキドキしながら会場で子どもたちの前に立って、「こんにちは」「わたしの名前はいがきとしえです」「よろしくお願いします」と言葉に手話をつけて、子どもたちに挨拶しました。その日のために一所懸命覚えた手話です。

講演の最初に、自分の左耳が聞こえないことをお話ししました。

「わたしは、実は小さい頃から左耳が聞こえないのです。片耳だけだから、みんなとは違うよ。両方とも聞こえないわけじゃないから、全然違うけれど」

と言ったら、その子たちが感動してくれて、講演の最後の質疑応答のときに、こんなことを言ってくれました。（もちろん、手話通訳の先生が入っています）

「片方の耳が聞こえないのに、テレビに出たり、本を出したりして活躍している先生がいると知って、勇気が出ました。僕たちもがんばります」

「先生がわたしたちと同じように、耳が聞こえないとわかって、うれしい」

「先生のプラス思考のお話はずっと忘れません」

自分が子どもたちを励ます存在になれたことがうれしくて、そのときに「心で聴ける」人になる使命を感じました。

大きな画用紙の1粒の黒ゴマだけ見つめる必要はない

誰にでも、人に公表したくない自分のなかの負の部分、マイナスだと思う部分はあるだろうと思います。そのことを、ここではとりあえず「黒ゴマ」と呼ぶことにします。

ここでイメージしていただきたいことがあります。まず、白い大きな画用紙をイメージしてください。その真ん中のところに、黒ゴマがひとつだけ、実物大で描かれているとします。まわりは真っ白。真ん中の1点に1粒の黒ゴマです。

マイナス思考の人は、大きな画用紙の中の、その黒ゴマだけを見ているのと同じです。その人のなかでマイナスである黒ゴマはほんの少しであり、白い部分、プラスの部分がほとんどなのに。

たとえば朝、目が覚めて新しい1日を始められるとか、あたたかい布団で寝られるとか、淹《い》れたてのお茶が飲めるとか、朝ごはんをおいしく食べられるとか。朝は忙しいけれど、出かける先があり、自分が必要とされる仕事があるとか。

外に出れば、太陽の陽射《ひざ》しを浴びて幸せを感じたり、一度も運転したことがないのに、電車で移動できたり……。


プラスのことは挙げていけばキリがないほど、たくさんあります。それが画用紙の白い部分です。それなのに、マイナス思考の人は黒ゴマだけを見ています。

良いことが白い画用紙いっぱいに広がっているのに、黒ゴマの1点だけを見て落ち込んでいるのです。


黒ゴマばかり見ていると、さらに気になって虫眼鏡で見るようになります。そのうち顕微鏡で見始めます。顕微鏡で見たら、もう黒ゴマしか見えません。

でも、それ以外の部分をどうして見ないの？　という話です。わざわざ顕微鏡を出してまで、黒ゴマを見る必要はまったくないのです。

誰にでも黒ゴマはあります。なぜなら、この世に完璧な人などいないからです。人はみんな、短所だと思っている部分、人には言いたくない部分、乗り越えるべき課題などを抱えています。その課題を改善して、人間性や心を磨くために生まれてくるのだと思います。

ポイントは、どこを見ているのかです。良いところがたくさんあるのに、わざわざ黒ゴマだけに注目している必要はありますか？　それで幸せですか？

プラス思考というのは、自分のなかにマイナスと思える「黒ゴマ」があっても、画用紙の白い部分、つまりプラスの部分を見るようにすること。そこを大切にし、もっと明るく、楽しく、自分らしく生きていこうよ、ということです。

そうすることで、黒ゴマはいつしかマイナスではなく、プラスに転じていきます。

まったく気にならなくなるどころか、「黒ゴマがあったからこそ、いまの自分がある」と感謝すらできるようになります。

黒ゴマがどんなことであろうと、それはほんの一部分です。そんなことより、着眼点を変えて白い部分――恵まれている点、いまもっているもの、たくさんのプラスの部分に目を向けて、笑顔で生きていっていただきたいと思います。必ず、ステキな明日が待っていますから。

キリギリスよりも
アリのプラス思考を
身につけよう

一言で「プラス思考」といっても、人によってとらえ方は大きく違うように思います。

たとえば、何もかもうまくいかないときでも「気にせず元気でやっていれば大丈夫」と、現状を無視して楽観的にとらえ、何も考えないようにする人。それはプラス思考ではなく、ただの「カラ元気」です。

本物のプラス思考とは、単なる気休めではなく、きびしい状況にあっても、そこから抜け出し、現実を良い方向に変える力をもったものです。

稲盛和夫さんは、「心を変えたら現実が変わる」とおっしゃっています。

青少年時代、稲盛さんはやることなすことうまくいかなかったそうです。小学生のときには肺結核にかかり、中学受験には二度も失敗、希望する大学にも行けず、やっと入った会社はいつつぶれてもおかしくないボロ会社だったとのこと。

それは心が悪かったから、心がひねくれていたからだ、と稲盛さんは当時の自分を振り返って語っておられます。つまり世の中を恨んだり、自分はダメだと思ったりしていると、その心が現実を招いてしまうのだ、というのです。

稲盛さんは講演のなかで、次のようなお話をされています。

「心がどういう状態であるかによって、その人の人生、その人の周辺に起こる現象がすべて決まってくるといっても過言ではありません」（『盛和塾』第93号）
つまりプラス思考で強く真正面から努力を続けていけば、必ず道がひらけていく、とおっしゃっています。

稲盛さんが2010年に経営破綻した日本航空の再建を無報酬で引き受け、JALの奇跡と呼ばれるV字回復を成しとげられたのは、後世まで記憶に残る偉業です。その稲盛さんが説かれているプラス思考は、ただ気持ちを変えるといった薄っぺらなものではなく、現実の行動がともなう実践的な思考方法です。

プラス思考は、本物のプラス思考と勘違いのプラス思考に分かれます。では、どんなことが勘違いのプラス思考なのでしょうか。

①まずは、起こりうる最悪の状況や失敗しそうな懸念について、まったく考えない

こと。その代わりに、「きっと、うまくいく」と思い込むこと。

②何かを成しとげるために、逆算して、いまやるべきことに取り組むのではなく、ただそのときの気分にまかせて行動すること。

③最初は高い目標を掲げてがんばるけれど、途中で簡単にあきらめて、その努力をしなくなること。

④思った結果にならずに失敗しても、「まあ、仕方ないよね」「それはそれでよかったんじゃない」と受け流すこと。

⑤「それは自分が守るべきこと」「責任をもってやるべき仕事」という考えが欠けており、無責任なこと。

⑥物事をきちんとやろうとしないこと。何も手を打たずに、「まあ、いいか」「何とかなるだろう」と軽く考えること。

つまり勘違いのプラス思考は、一見明るくて楽しいのですが、現実逃避をしているともいえます。物事をあまり深く考えていないだけなのです。

一方、本物のプラス思考は、勘違いのプラス思考の逆です。

まず大切なのは、何かを行うときはその前に、起こるかもしれないすべての問題を想定して、対応策を考え尽くすこと。「備えあれば憂いなし」という諺《ことわざ》がありますが、どんなマイナスな状況にも対応できるように準備をします。

次に、実行するときは、「必ずできる」と自信をもって、明るく堂々と実行するのです。たとえ苦難に遭ったとしても、そこを何とかするために楽しく努力する。最後に実行したあとも、つねに改良や改善をくり返して、より良いものにしていくのです。

イソップ寓話《ぐうわ》の「アリとキリギリス」の話は、幼い頃に見たり聞いたりして知っている人も多いでしょう。アリが夏の間にせっせと食べ物を集めて冬に備えているのに、キリギリスは楽器を奏で、歌を歌って陽気に過ごし続け、「冬がきても何とかなるさ」と思っているという話です。キリギリスはずっと楽しくやっているのですが、最後に困るのです。アリは冬がくるとわかった上で、ちゃんと準備をしていたので困りません。冬の間も幸せです。

この話は、「本物のプラス思考と勘違いのプラス思考」の話によく似ています。

アリのほうは本物のプラス思考。眉間にシワを寄せて食べ物を集めているわけではなく、きっと生きることを楽しみ、笑顔で働いていると思います。

楽しんでばかりいるキリギリスは、勘違いのプラス思考です。キリギリスのプラス思考では、やっぱり最後に破綻するという教訓を伝えています。あなたはぜひ、楽しく努力する〝アリのプラス思考〟を選んでほしいと思います。

不運が幸運に変わったプラス思考の私の体験

私が最初にプラス思考のすばらしさを実感したのは5歳のとき、幼稚園の年長の頃でした。

私の父は名古屋で小・中学生向けの学習塾を経営していて、28歳のときには4階建て鉄筋コンクリートの、当時としてはめずらしかった冷暖房を完備した自社ビルを建てた、やり手の塾経営者でした。

最盛期には、4階建ての2つのビルに3000名以上の生徒が通うまでに学習塾を成長させました。


父の塾は〝大家族主義〟で、先生方やそのご家族、アルバイトの大学生たちも含めて全員が家族という考え方で経営していました。

ですからお正月も元旦からみんなが私の家に集まり、お節料理やごちそうを囲んで、「おめでとうございます」とお祝いをしました。

そして3日からは、社員の先生たちの家族とみんなでスキー旅行に行くというのが毎年の恒例行事でした。

私たち子ども組は、スキー場のスキー教室に全員が入れられ、滑り方などを学びます。その間、大人たちは好きなようにスキーを楽しむのです。

私は、運動は得意ではないのですが、2歳から毎年スキーに来ていますから、年長の頃にはわりと滑れるようになっていました。ちょうどスキー教室の休憩時間、隣の子どもの団体がジャンプの練習をしているのを見かけ、「私にもできそうだ」と思ってマネしてみることにしました。

無謀にも近くにあったコブのような小さな雪の山に挑戦したのですが、上手く飛べずに転んで骨折してしまったのです。起きあがることもできず、倒れたままの私を見つけた大人たちが、あわてて駆け寄ってきました。知らせを聞いて父たちも飛んできました。

そのときに父がどんなふうだったかは覚えていないのですが、怒られた記憶はまったくありません。ただただ心配してくれたのだと思います。

それから名古屋に帰り、近所の外科でギプスをしてもらった私は、冬休みが終わると幼稚園に通い始めました。父がきびしかったので、そんなことで幼稚園を休んだりはしません。めずらしがってギプスに触りたがる友達と、いつもと変わらず楽しく過ごしていました。

しばらくして、幼稚園はお遊戯会の準備に入りました。年長さんの演目は「ひな祭り」。大好きなイベントです。お遊戯会はいつも楽しみな行事なのに、「動けないから、出られない」とガッカリしましたが、こればかりは仕方ありません。

すると先生が「としえちゃんは動けないから、おひな様をやってもらいましょう」と言ってくれたのです。

「おひな様」になれると聞いて、〝目立ちたがり屋〟の私は大喜び！　脚を骨折して本当によかったと思いました。

この出来事により、「悪いことがあっても暗い気持ちにならず、元気に明るくしていれば、必ずそのあとに良いことが起きる」ということを実感しました。これは私のプラス思考の原点にもなった体験でした。

私にとってよかったのは、そもそも両親が子どもの良いところを伸ばしてあげようというプラス思考の人たちだったことです。

父は学習塾を経営し、昔は指導もしていましたから、一人ひとりの子どもの得意な部分を伸ばすことが、その子の学力を引き上げるのに効果があることをよく知っていました。生徒たちから「鬼」というあだ名で呼ばれるほどきびしい人でしたが、その子を否定するようなことはけっして言わない心ある人でした。

母は母で、つねに子どものやりたいことを尊重してくれる、明るいあたたかい人です。私が「こうしたい」と言ったことで、ダメと言われたことはありません。母の答えはいつも「やってみればいいよ。やってみてダメなら、また次に考えればいいよ」というものでした。

ですから、しつけはきびしかったですが、プラス思考の両親のもとで、私は天真爛漫に成長していったのだと思います。

一緒にいられる「一期一会」の時間を大切にする

そんな私たち家族を突然の不幸が襲ったのは、私が24歳の秋でした。父が突然、脳梗塞で倒れたのです。

私は大学4年からテレビのリポーターの仕事をしていました。父は私に塾を継がせたいと思っていたのですが、私はそれに反発して名古屋の実家に戻らず、夢だったアナウンサーをしていたのです。

小さい頃から父にきびしくしつけられた私は、成長するにしたがい、父に対して反抗心を募らせていました。私自身も父のDNAを受け継いで強気な性格ですから、親の言うことをおとなしく聞く娘ではありませんでした。

父が倒れる1カ月ほど前、私は夏休みで帰省していました。すると父から「塾の会議に出るように」と言われました。気が乗らなかった私はイヤイヤその会議に出ました。議題は集客のためのチラシをどうするかというものでした。

私はチラシの文面のメモを取り、「こうしたらいいんじゃない?」と自分の意見も言いました。ただ、その態度にやる気のなさがにじみ出ていたのでしょう。ほかの社員の先生たちがいる前で、父にきびしく叱られました。

私は黙ってムッとしながら父の叱責を聞き、会議が終わるとさっさと家に戻りました。

すぐに父から電話がかかってきてさらに説教され、嫌気が差して話の途中でガチャンと電話を切りました。その夜は父が帰ってくると同時に自分の部屋に閉じこもり、次の日には父が仕事に行っている間に、顔を合わせることもなく東京に戻ってきてしまったのです。

それから1カ月ほどが過ぎ、突然父が倒れたという連絡が入ったときの愕然《がくぜん》とした気持ちは、いまでも忘れられません。父とはあのあと一言も話すことなく、顔も合わせないままでした。頭がボーッとしたまま、あわてて名古屋に帰りました。

大手術から1カ月後に意識が戻り、幸い命は助かったものの、もう元のような精力的に動く父に戻ることはありませんでした。仲直りをして話したくても、父は意思疎通がまったくできない状態になってしまっていました。

どんなに、あのときの自分の言動を悔やんだことでしょう。私は父に一度も「ありがとう」を言ったことがありませんでした。あの日が元気な父と会う最後の日になるとわかっていたなら、すぐに謝って、父のことは心から尊敬していると伝えたと思います。そして、「贅沢三昧《ぜいたくざんまい》の生活と、最高の教育を与えてくれて、ありがとう」と言うこともできたのです。

このときの経験から、いま私は受講生のみなさんに、こうお伝えしています。誰かと一緒にいる時間は一期一会なのだから、大切に過ごしてください。たとえケンカしたとしても、その場で仲直りして、絶対にイヤな気持ちで別れたりしないように。二度と会えないことだってあるのだからと。

何人もの恩師から授かったプラス思考の教え

ワンマンでカリスマ経営者だった父がいなくなった学習塾の運営は、灯《あか》りが消えたように暗く、大変なことになっていました。私はけっきょくテレビのリポーターの仕事を辞め、名古屋に戻って塾の手伝いを始めることにしました。

とはいっても、それまで父に反発していた私は塾の業務について何もわかりません。

塾講師も家庭教師もやったことがないので、先生もできない。できることといったら、受付と掃除くらいでした。

それでも何か行動しなければと思っていた矢先、のちに就職することになる学習塾フランチャイズ本部の会社の教育システムを導入して、実家の塾を活性化することにしたのです。

その学習塾FC本部の社長が懇意にしていたのが、船井総合研究所会長で経営コンサルタントの船井幸雄先生でした。当時船井先生はベストセラーを何冊も出され、講演会に飛び回るなどカリスマ的人気を博していました。

船井先生の勉強会に社長と一緒に参加させていただき、船井先生が「成功の3条件」として挙げておられた「素直、プラス発想、勉強好き」など、大切なことを学びました。

あるとき船井先生に「仕事ができる人になって成功したいのですが、何をすればよいいですか?」と相談すると、「松下幸之助さん(パナソニック創業者)の勉強をしなさい」とのこと。さっそく私は社長の本棚にあった松下幸之助さんの本をあるだけ借りて、読み始めました。

松下幸之助さんもまた、プラス思考の大切さを説かれています。幸之助さんの本は自分でも次々に買って読みましたが、当時から何百回も読み返し、勇気をもらい続けているのが、『松下幸之助「一日一話」』(PHP研究所)という本に書かれている、次の言葉です。

「自分は運が強いと自分に言い聞かせることである。ほんとうは強いか弱いかわからない。しかし、自分自身を説得して、強いと信じさせるのである。そういうことが、私は非常に大事ではないかと思う」

実際、幸之助さんは就職面接のとき「きみは自分で運が強いと思うか」と質問し、「はい」と答えた人だけを採用したのは有名な話です。

幸之助さんのこの言葉と出合って以来、私はこの教えを心に留めて、どんなに大変なときでも、「私は絶対に運が強いから大丈夫だ！」とムリヤリにでも信じ込むように心がけました。そのおかげで何があっても強い心で輝く未来を信じて、乗り越えることができました。

この頃もうひとり、私にとってプラス思考の「恩師」となる方にお会いしています。大ベストセラーとなった『生きがいの創造』（ＰＨＰ研究所）という本で知られる飯田史彦先生です。

飯田先生は、地方の国立大学の助教授をしていた30代のときに「『生きがい』の夜明け——生まれ変わりに関する科学的研究の発展が人生観に与える影響について——」という論文を学内で発表されました。学術的な見地から「生まれ変わり」について検証したこの論文は大きな反響を呼び、その論文のコピーがさまざまな人の手に渡って読まれることになりました。

私が勤めていた会社の社長も船井先生からこの論文をもらって読んで感動し、私にも読むようにと手渡してくれました。とても興味深い内容で、本当に感動しました。その論文を加筆、改訂して出版されたのが『生きがいの創造』です。

その内容で心に深く刻まれたのは、「誰もが生まれる前に、自分の人生を決めて生まれてきている。何か問題が起きたとしても、それは自分があらかじめ決めたことだから、人生には解けない問題はない。その問題を解決することを通して、生きることを学ぶのが大事なのだ」といったことでした。

どんなつらいことが起きたとしても、「自分が決めたことなのだから、仕方ない」と思えば、「何で自分だけ……」という暗いマイナス思考にもならず、「何とかこの問題を解決するしかない！」と覚悟も決まります。

飯田史彦先生のこのプラス思考はその後、私が大変だったときに気持ちを切り替えて、明るくがんばる力を与えてくれました。

プラス思考はときに命を救うと断言できる理由

父が亡くなったのは、私が学習塾フランチャイズ本部の会社に就職して1年半ほどがたった頃でした。父は自分で食事をとることもできず、チューブを入れて命をつないでいたような状況ですから、母も私も2人の妹たちも、その覚悟はできていましたが、本当に深い悲しみに包まれました。

そして葬儀を終えたあと、次々に悲しいことが起きました。そもそも父が病に倒れた原因は、詐欺に遭ったことによる心労でした。そして、抵当に入れていた家屋敷も塾も軽井沢の別荘も、すべての財産を、私たち家族は失ってしまうことになりました。

私たち家族は父のおかげで贅沢な暮らしを〝当たり前〟と思っていましたから、突然どん底に突き落とされました。一家の長だった父が亡くなり、途方にくれました。

このような大変な目に遭ったら、絶望のあまり一家心中ということもありうると思います。それでも私たち家族は母と娘3人で、そこから這《は》い上がることができました。それは何より、プラス思考のおかげだったのです。泣いているヒマなどない、とにかく現実を好転させるために行動しまくりました。

当時、私は母と妹と飯田史彦先生の講演会に行ったり、船井幸雄先生の勉強会に出席したりして、プラス思考について学んでいました。プラス思考の本もいろいろ、家族で回し読みして、みんなで考え方を共有してきたのです。

プラス思考を勉強していて、「こういうことを学んだよ」というと、「じゃあ、それ、やってみようか」という感じで、お互いに学んで素直に実行し続けたのです。教えてもらって、良いと思ったことはすぐに実行し、少しでも良い変化を感じたら、継続します。

とくに励まされたのは飯田史彦先生の「生まれる前に、自分の人生を決めて生まれてきている。何か問題が起きたとしても、それは自分があらかじめ決めたことだから、何とかなる」という教えでした。

母も「自分で決めてきたことだから、しょうがないね」と言って、笑顔で「悪いことはお父さんが全部もっていってくれたから、これから私たちには良いことしか起きないよ」と私たちを励ましてくれました。

そしてみんな少しずつ、自分たちの生活の基盤を固め始めました。そして、それぞれ自活の道を進み、いまにいたっています。

私たちはあの最悪の時期をプラス思考によって乗り越えました。ひとりで乗り越えるのは、きっとムリだったろうと思います。家族と一緒に励まし合い、笑顔で明るくがんばったから、人生最悪のときを乗り越えることができたのだと思います。

だから、いま私はけっして大げさではなく、プラス思考は人の命も救えると断言できます。それは、苦しかったけれども家族が力を合わせて乗り越えた体験があるからなのです。

すべての出来事はベストのタイミングで起きている

プラス思考を学ぶ上で大切なことのひとつは「いま知ることができてよかった」と思うこと。

よく研修先の年配の方から、「もっと早くそのことを学びたかった」「あと十年早く知っていれば」と言われます。そのときには「いま知ってよかったと思ってください」と伝えています。そう思うこと自体がプラス思考です。

このタイミングで知ったことに感謝して、過去を振り返るのはやめて、この先の人生を、いまから良くしていこうと考えてほしいのです。その人にとっては、いまがプラス思考と出合う最高のタイミングだったのです。

思えば、父が倒れて亡くなったのはとても悲しいことでしたが、そのことがきっかけで私はたくさんの先人の知恵を学び、プラス思考を身につけることができました。そして、家族全員でプラス思考を学び、実行したおかげで、この難局を乗り越えることができたのです。振り返ってみたら、必要なことはすべて、ベストのタイミングで起こっていたことがわかります。

父が亡くなってから10年以上もたったある日のことです。何かのご縁で出た食事会で、「井垣先生の娘さんですか?」とひとりの男性から話しかけられたことがあります。その方は歯医者さんで、プールつきの豪邸に住み、家にあるワインセラーには高級ワインが何百本もあるような豊かな暮らしをされている方です。

「私は小学生のとき、お父様の塾の軽井沢合宿に参加して、将来絶対に成功者になろうと決めたんです」と話してくれました。

私が幼い頃から父は軽井沢に別荘を持っていましたが「生徒たちにもすばらしい環境を味わわせてあげたい」と言って、100人が泊まれる合宿所も建てました。そして毎年観光バスを借りきって生徒たちを軽井沢の夏期合宿に連れて行っていたのです。「いまの成功は理事長先生のおかげです。娘さんに会えてうれしいです」とその方は深々と頭を下げました。

父が亡くなってから初めて、私は父のことを深く理解しました。父が願ったのは、ただ勉強を教えるだけでなく、成功するとはどういうことか、それを目で見せてあげたり、普通はできない体験をさせてあげることで、生徒たちに夢を実現させることや生き方を教えることだったのです。

父の抱いていたそんな志を胸に、私はこれからも人を育てる仕事に尽力したいと思います。

第4章

まわり道することに意味がある

成功した人は異口同音に「プラス思考」を語る

前章でお伝えしたように、私は仕事人になってから何人もの「恩師」からプラス思考について学び、素直に一つひとつ実行してきました。プラスの考えと言葉をどんどん吸収して、行動して、プラス思考で人生を切りひらいてきました。

京セラとＫＤＤＩの創業者である稲盛和夫さんの存在を知ったのも、松下幸之助さんの本がきっかけです。それから何冊も稲盛さんの本を買って、読んでいきました。

幸之助さんは当時すでに亡くなられていたので、いくら会いたくても会うことができません。でも、稲盛さんは当時まだ現役で活躍されていたので、お会いする機会もあるに違いないと思ったのです。

その思いが実現して、後年、ご縁があって稲盛さんが主宰されていた経営者勉強会「盛和塾」の塾生になり、ご本人から直接ご指導いただけるようになりました。

松下幸之助さん、稲盛和夫さん、船井幸雄先生——いずれも経営者として大成功した方ばかりで、お三方とも共通してプラス思考を成功の秘訣《ひけつ》として挙げて、熱心に説かれています。つまり、「プラス思考を実践すると、成功できるのだな」ということがわかります。

人格的にもすぐれていて、ビジネスで成功を収めたお三方がいずれもプラス思考は大切だと語っているのです。身につけないともったいないと思いませんか。

「幸之助さんや稲盛さんのような雲の上の人だから言えることで、自分はとても無理」などと思うのはマイナス思考。「あの松下幸之助さんがそう言って成功しているのだから、そのとおりにやれば自分もいける」と思うのがプラス思考です。大事なのは「できるか」「できないか」ではなく、「やるか」「やらないか」なのです。

そしてまた、成功者が異口同音に言っているのが、運も必要だが、「努力」が大事だということです。

努力の「努」という字は「ゆめ」とも読むことを知っていますか？　ぜひ辞書を引いてみてください。夢と意味は少し違うのですが「ゆめ」という音の響きのなかに、努力のあり方が示されていると思うのです。

努力とは、眉間にシワを寄せてイヤイヤやることではなく、「この夢をかなえたい」と強く願って、夢の実現に向かって積み重ねるものです。

努力することについて、私は富士山の登山にたとえて、よくこんな話をします。

稲盛和夫さんも、私もご縁をいただいている成功者の方々——大相撲の宮城野親方（元横綱・白鵬関）やデザイナーのコシノジュンコさん、大女優の浅丘ルリ子さんたちも、最初は私たちと同じように富士山の麓《ふもと》にいました。そこから、一歩ずつ自分の足で歩いて、頂上へと到達したのです。ただし、ご本人たちは「自分は頂上にいる」とは思っておられないことも大切なポイントです。くわしくは後ほどお話しします。

頂上までたどりつく方法は何かというと、みなさん自分が運が良いと思い、プラス思考で一歩ずつ努力することだとおっしゃいます。それをやり続けた人が、頂上まで登れるのです。

3000メートル級の山になると、ロープウェイもヘリコプターもありません。自分の足で登るしかないのです。「もうやめよう」と途中であきらめて下山するか、必ず頂上まで登ると決めて、足を一歩ずつ出し続けるか、選ぶのは自分です。

1%でも可能性があれば挑戦する

私はこれまでの人生で、やりたいと思ったことは、迷わずに挑戦してきました。東京に出てきたこともそうですし、自分の会社を起業したときもそうです。

そのときに後押ししてくれたのは、松田聖子さんの「可能性が1％でもあれば、私はやる」という言葉です。

実は私は小学校5年生のときから、聖子さんのファンで、名古屋で行われたデビューコンサートにも連れて行ってもらいました。

ファンの人以外はあまり注目していませんが、聖子さんは超売れっ子のときに、英語を身につけたいからとハワイ大学に留学したり、音楽でアメリカに進出したりと、自分の思うことはすべて実現してきた人です。

「やりたい」と思った時点で、すでに可能性はゼロではないのです。人は、自分が好きではないこと、まったくムリなことを「やりたい」とは思わないわけですから。

たとえば私は、宇宙飛行士の試験を受けたいなんて、1ミリも思いません。サッカー選手になって試合に出たいとも、思うわけがありません。でも、アナウンサーになりたくて、東京の大学に行きたいと思ったし、起業して多くの人たちに自信をつけさせてあげたいと思い、それを実現しました。
やりたいと思った時点で、１％の可能性はあるのです。あとはどれだけの熱量をこめて努力し、行動するかだけです。

２０２３年の春、日本はＷＢＣ（ワールド・ベースボール・クラシック）でアメリカを破って世界一に輝きました。なかでも二刀流の大谷翔平選手の活躍は、試合を見た人のなかに幸せな記憶として、長く残るだろうと思います。
ちょうどそのＷＢＣのテレビ中継のとき、大谷選手が出演するこんなＣＭが流れていました。

これまで大谷選手にどれだけの失敗があったか、三振した数、打たれたヒットの数、失点数、チャンスで凡退した数を挙げ、二刀流がムリだと、どれだけ多くの人から言われたかを挙げたあとで、大谷選手の声で「でも、二刀流がムリだと思ったことは一度もない」という言葉が流れるのです。心に響くＣＭでした。

つまり、自分が自分のことをどう思っているかが、現実をつくっているということです。自分の挑戦について誰がなんと言おうと、自分が自分をどれだけ信じるかが大切だということ。自分が本気でやれると思ったことは、現実になるということです。

大谷選手は読書家として知られ、稲盛和夫さんの著書『生き方』（サンマーク出版）を高校の野球部の監督からプレゼントされ、何回も読んでいるそうです。同じく稲盛和夫さんの『成功への情熱』（ＰＨＰ研究所）も愛読書として挙げていますから、プラス思考が成功哲学としてしっかり身についているのだと思います。

自分が本気でやりたいなら、ぜひ挑戦してください。自分を信じること。失敗を悔やんでばかりいないで、自分の「良いところ」を見ること。そして夢に向かって努力を重ねれば、必ず良い結果につながります。

人生には、良くなるための「時間調整」がある

ただ、人生には何事もすべて順調にいく時期もあれば、そうでない時期もあります。いくら努力を重ねても思ったように物事が進まずに落ち込んだり、望まないことを延々とやらなければいけない時期もあります。

そんなときは、「時間調整」だと思ってみてください。いろいろうまくいかなくて、時間が滞っているように思えるとき、それはやがて訪れる転機のために十分準備ができるように時間調整がされているのです。

たとえば、新幹線に間に合うように出かけたつもりが、財布を忘れて取りに帰り、乗る予定の新幹線に間に合わなかったとしましょう。あなたは「ツイてないな」「失

敗した」と嘆くかもしれません。

でも、もしかしたらその新幹線に乗れなかったことに、何か意味があるかもしれません。乗るはずだった新幹線が事故を起こして途中でストップするかもしれません。あるいはやむを得ず乗った別の新幹線で、ひさしぶりに知人と会って楽しいひとときを過ごせるかもしれません。

私は「そのおかげで、良い結果になった」時間のズレを、「時間調整」と呼んでいます。そのときはマイナスなことだと思っても、「これは時間調整なんだ」と考えれば、落ち込む必要はありません。

こういう場合、私は「そういう目に見えない采配があって、間に合わないようにさせられた」と本気で思っています。それもプラス思考です。同じ出来事でも、それをどのようにとらえるかでそれはまったく違った意味をもちます。自分で意識して、プラスの方向に考えるのです。

そもそも、人生で起こる出来事の意味は、あとから振り返ってみないとわからないことが多々あります。アップル創業者のスティーブ・ジョブズもスタンフォード大学の卒業式で行った有名なスピーチのなかで、「人生の点と点をあらかじめつなぎあわせることはできない、できるのはいつの日かそれがつながって実を結ぶのを信じることだけだ」という意味のことを語っています。

きっと、あなたもこれまでの人生を振り返ると、いろいろな「時間調整」があったのではないでしょうか。いろいろうまくいかなくて、時間が滞っているように思えるのですが、それはやがて訪れる転機のための準備期間だった、という経験があるのではないでしょうか。

たとえ、いま「この道でいいのだろうか」と不安のなかにあるとしても、自分をより良くしたいというプラス思考で、そのときどきでベストと思える選択を続けているのなら、何が起きてもこれでよかったと思えるときが必ずきます。

まわり道したからこそ出逢えた〝心の恩師〟

私にとっても、たとえば大学受験での浪人時代が、ちょうどこの「時間調整」にあたります。浪人して予備校生活を送ったおかげで、人生の基礎をつくっていただいた〝心の恩師〟というべき人に出会うことができたからです。

「人間は一生のうち逢《あ》うべき人には必ず逢える。しかも一瞬早すぎず、一瞬遅すぎない時に」——これは「国民教育の父」といわれた教育者・森信三さんの言葉ですが、まさにそうした出会いがあったのです。

私は中学の頃から、アナウンサーという職業にあこがれていました。前にもお話ししたとおり、私は幼少期から目立つことと人前に出るのが大好きでした。中学に入り、目立ってかっこいい仕事は何だろうと考えたときに、アナウンサーが一番だと思ったのです。

アナウンサーになるには東京の大学を出ないとダメだと思っていましたが、私が通っていたのは、名古屋で〝お嬢様学校〟といわれる中高一貫校。大学までストレートで行けるので大学受験のためのカリキュラムなどいっさいなく、受験をするなら、どうしても予備校に通う必要がありました。

父に東京の大学に進学したいと言ったら、猛反対されました。たぶん父は、私をそのまま大学まで進ませ、やがては塾を継がせたいと思っていたのだと思います。

その父を、東京の有名大学に合格するという条件で何とか説得し、けっきょく浪人して名古屋の大学受験予備校に通うことになりました。

その予備校で現代国語を教えておられたのが、司一《つかさ》哉先生でした。

司先生の授業では、私は必ずいちばん前の中央の席に座り、カセットテープに録音していました。そのテープを家で文字に起こし、ノートに清書するのです。

司先生の授業は本当におもしろく、また先生の選ぶ言葉が深く、知的好奇心が高まっていったのです。私がそれまで会ったことがないすごい知識人で、受験国語というワクにとどまらず、哲学や社会学的な考え方を教えてくれました。

勉強することの本当の意味を教えてくれた人

司先生の言葉でよく覚えているのは、「人生は必然的に降ろされるようになっている」というものです。どういうことかというと、自分の目標を、思っているところよりも高く設定しないと、めざすところには行けないということ。80点が合格点だとしたら、100点を取るつもりで勉強しないと80点は取れないということです。

自分の力で上がろうとせず、現状にとどまろうとするのは、実は下りのエスカレーターに乗っているのと同じで、自分では降りていないつもりでも、自覚なしに下に降りて行きます。だから努力レベルを上げ、目標を高く掲げて、努力し続けなければならないよ、という教えです。

いまの水準を維持したかったら、努力し続けなければいけないのです。自分が目的を達成できたことに満足し、停滞してはいけません。人生は必然的に降ろされるようになっているからです。

司先生は、予備校講師をするかたわら自分の劇団をもっていて、脚本を書いたり、演出をしたり、小説を書いたりもしていました。だから、話をするときの間の取り方が絶妙で、授業が舞台を観《み》に行っているように楽しかったのです。

「教養のないところに、真の幸せはない」「アクシデントはプラスにもマイナスにも使える」など、名言がどんどん飛び出してきます。

またあるときは、誰もが知っている「シンデレラ」の話について、こんな話をしてくださいました。

「シンデレラの物語は、最後に王子がガラスの靴でシンデレラを見つけてハッピーエンドということになっているけれども、見方を変えたら、王子はガラスの靴で女を捜す男だぞ。これからの人生、何があるかわからない。物語は良いところだけを切り取っているけど、現実の人生はハッピーエンドで終わるとはかぎらない」

いま考えれば、19歳ぐらいの予備校生に、すごい話をされていたと思います。とても深い人生の見方を教えてくださっていたのです。

司先生の授業を理解するためには、本を読まないと知識やボキャブラリーが増えないことがわかり、一気に本を読むようになりました。

私はそれまで勉強に真剣に取り組んだことも、それこそ本を読んだこともありませんでした。司先生のおかげで読書をし、勉強することの本当の価値を知り、自分自身や人生について、真剣に考えることができるようになりました。

アナウンサーを経て、起業してスクールを主宰し、本を書いたり、企業の研修ができるいまの私があるのは、司先生のおかげだといっても過言ではありません。

私にとって受験浪人の1年間はまさに、人生の時間調整でした。きびしい父の反対に折れることなく、自立したいという意思を押し通して予備校に通ったこの時期は、仕事人としての人生の土台をつくってくれた大切な時間だったと思っています。

希望の道に行けないことにも意味がある

私が主宰するスクールの受講生にも、よくこの「時間調整」の話をすることがあり、心に響く人も多いようです。家庭の事情で行きたい大学に行けなかったり、スポーツで体を壊して希望の職につけなかったりなど、人生の途上でさまざまな心の傷を抱えている人がいます。

どんな出来事でもムダではなかったんだ、あのことがあったからいまの自分があると思えたとき、人はいまの自分を受け入れることができて、上昇気流に乗ることができるのです。


私も、希望がかなわなかったり、思いもかけない方向に行かざるを得なかったりという経験がいろいろあります。そのすべてが、いまの自分につながっています。

たとえば、東京の大学を受験するとき、私は都会のど真ん中、オシャレな表参道にキャンパスのある青山学院大学にぜひとも入りたいと熱望していました。

私の東京行きに猛反対していた父も、私のねばり強い説得の結果、「6大学のうちどれかに入るなら行かせてやる」ということで、東京の大学への進学を許してくれたのですが、私の心はすっかり「青学」にあり、ステキなキャンパスで送る大学生活にあこがれて、ワクワクしていました。

ところが、けっきょく青学には入れず、合格できたのは東京の郊外に広大なキャンパスを持つ中央大学だけでした。

都会のオシャレな夢の大学生活どころか、都心から1時間も電車に乗って山道を歩き、トンネルを抜け、途中には「山火事注意」の立札が立っているような場所でした。入学当時の私がガッカリしたのは、いうまでもありません。

しかし、いまは青山学院大学に行けずによかったと心から思います。もし青学に合格していたら、大学生活をエンジョイしすぎて、アナウンサーになる夢などすっかり忘れてしまっただろうと思うからです。

名古屋よりもずっと自然豊かな大学に通うことになり、このままではアナウンサーになるのはとてもムリと思いました。そこで大学1年からプロのアナウンサー養成学校に通い、夢をかなえるための情報収集を始めました。

アナウンサー養成学校に通い始めて、原稿読みの練習をしているだけでは、夢はかなわないと気づきました。テレビで見るアナウンサーは才色兼備の人ばかりですから。

そこで、モデル事務所に入って立ち居振る舞いやメイクのやり方などを学んだり、洋服のセンスも磨くべくカラー・コーディネーターのスクールに行って、自分に似合う色を身につけたりしました。

またマスコミ就職のための塾に通って、勉強会にも積極的に参加したり、当時フリーアナウンサーを多く輩出していた芸能プロダクションに入って、アナウンサーになるためのレッスンも受け始めたりしました。そうやって、考えられるかぎりの努力と行動をしたのです。


そして迎えた、就職活動。私は第1志望のテレビ局の最終面接まで残りましたが、最後の最後で落とされてしまったのです。何年も抱いてきた東京のキー局のアナウンサー、あるいはキャスターになる夢が絶たれたのです。

あまりのショックに、しばらくは泣いてばかりいました。「人間は泣きすぎると、水分が失われて喉が渇くのだ」と知ったくらい、泣きました。

でも、いまではテレビ局に入れなくてよかったと心から思います。当時の女子アナは30歳定年説というものがあり、だいたい30歳になるとアナウンサーを辞めることになっていました。大学時代、私はアナウンサーになってもいないのに、アナウンサーをやったあと、その経験を活かして会社をつくろうと考えていました。

どちらにしても私の夢は起業だったのですが、テレビ局のアナウンサーになっていたら、辞めたあともずっと「○○テレビの元アナウンサー」という肩書きがつきまとったでしょう。

現場に飛び込んだからこそ見えたテレビ業界の実情

テレビ局の採用試験に落ちたあと、私は当時所属していた芸能プロダクションでフリーアナウンサーとして活動することにし、大学4年のときには、当時人気だったワイドショーのリポーターに合格し、テレビに出るようになりました。

テレビに出られるのはうれしいことでしたが、そのときに垣間見《かいまみ》たテレビ業界の裏側は、私があこがれていた報道の世界とはまったく違ったものでした。

芸能人のゴシップを取り上げるのは日常茶飯事、当時スキャンダル続きだった俳優にインタビューなども行いました。有名な芸人さんがバイク事故を起こして重傷を負ったときには、その現場まで行ってリポートしたこともありました。

なかでも本当にショックだったのは、殺人事件で娘さんを殺された田舎の山奥に住むご両親のところに、カメラマンとディレクター、音声さん、照明さん、私の5人のクルーで突撃取材をしたときのことです。

夜中、「よし行くぞ」とディレクターの指示で、大御所も交じる他局のリポーター何人かと一緒に玄関の前まで行き、インターフォンを押して娘を亡くしたばかりのお母さんに、「どういうお気持ちですか」と聞くのです。

悲しくて苦しいに決まっているのに、です。私は何も聞けず、一言も発することなくくテレビ局に戻りました。

するとそこにいた先輩の男性のリポーターから、「こういう仕事は泣いている映像を撮るのが仕事だぞ。涙を撮るのをやりがいと思え」と怒られたのです。

そのとき私は、人としてこんな仕事をずっと続けるのはムリだなと思いました。全国ネットのテレビ番組に出られるようになったのは幸運だと思いましたが、こんな心を無くすようなことをするためにがんばってきたのかなと、ものすごく疑問に思い失望したのです。

ただ、それは実際に現場で仕事をしたからこそわかった現実でした。自分の今後の生き方を考える、ひとつのきっかけになった貴重な気づきでした。

思いがけず本来の道に導かれることもある

思うように物事が進まなかったり、まわり道をしたりすることが人生に大きな意味をもたらすという「時間調整」という話をしてきましたが、人生ではまた、その人が本来進むべき道を歩むように、導かれるような出逢いをすることがあります。私が東京に戻ってくるきっかけになったのも、そんな出逢いからです。

父が倒れて、名古屋の実家に戻って紆余曲折《うよきょくせつ》があり、学習塾フランチャイズ本部の会社に就職することになった話はすでに述べました。およそ3年間、学習塾FC本部の会社にお世話になったあと、私は大阪にある芸能プロダクションに入り、またフリーアナウンサーとして活動することにしました。

当初はホテルなどで結婚披露宴の司会をすることが多かったのですが、ほどなく講演会の司会のお話もいただくようになりました。最初に司会を担当したのは、国際ジャーナリストの落合信彦先生の講演会でした。

落合先生はなぜか私を気に入ってくださり、後日、東京で行われる「著書100万部突破の記念講演会」の司会をやってほしいとのオファーがありました。そしてその講演会の打ち上げで、私は落合先生にこんなことを言われました。

「君は関西だけで終わる器じゃない。そんなところで埋もれていてはダメだ。東京に出てきて勝負しろ」

そしてさらに、「君のようなステキな女性を世の中に増やすことは、君にしかできない。そういうスクールをやったほうがいい」とも言われたのです。

いま思えばまるで予言のようでしたが、そう言われて私はうれしい反面、困惑しました。なぜなら私は当時、結婚するつもりで交際していた彼がいたからです。

ところが、落合先生にそんな「予言」をされてしばらくたってから、彼が転勤で地方に行くことになったのです。彼についていくか、東京に行って自分を試すか迷っていたら、けっきょく彼のほうから別れを告げられたのです。私は1週間ほどずっと泣いて、やっと吹っきれました。

「生まれる前に自分で決めてきたことだから仕方がない」というのが、たどりついた結論でした。

私はそのことをきっかけに東京で活動することを決意し、西暦2000年、世間がミレニアムだと大騒ぎしていた年に、30歳でまた東京に出てきました。

陰ながら見守ってくれている人がいる

東京に出て32歳で会社を起業し、自著も出版して、2冊目の本が出たときのことです。私は予備校時代にお世話になった司先生にお礼を言いたいと思いました。

本も読んだことがないような私が本の著者になるなんて、奇跡です。それもひとえに司先生に出逢って国語力を上げ、勉強する楽しさを知り、読書の習慣をつけたおかげだと思っているからです。

すぐに連絡先を探したのですが、司先生は私が通っていた予備校も、それから移った先の予備校も辞めておられて、消息がつかめませんでした。

それから4、5年ほどして、インターネットが普及し始めた頃、何気なく「司一哉」と検索してみたら、先生のことがヒットしたのです。大阪で個人塾をされているようでした。

そこでさっそく、本と一緒に「先生のおかげで……」と熱い思いを書いたお礼状を送ったのです。すると数日後に、ぶ厚い手紙が届きました。

それは先生からではなく、先生の奥様からのお手紙でした。そこに書いてあったのは、司先生が前年に心臓発作で亡くなったこと、そして私の活躍を喜んでいたことでした。

あるとき先生の塾で講師のアルバイトをしていた女子大生が、私の本を読んでいたら司先生のことが書いてあるので驚いて、司先生のところに持ってきてくれたそうです。奥様の手紙には、こう書いてありました。

「司はその本を読んで、『井垣さんはたしかに自分が教えた学生だ。いつもいちばん前に座って、テープで録音していた。あんなに熱心に授業を聞いてくれて、忘れないよ』と言っていました」

「司はその本で、井垣さんがテレビや雑誌に出ておられることも知って、とても喜んでいました。きっとあの世でも、ご活躍を楽しみにしていると思います」

手紙を読みながら、涙が止まりませんでした。ずっと連絡を取り続けていればよかったと思っても、いまさらどうしようもありません。

先生のお仏壇にお供えしてもらえるように、それまでに出ていた私の本を5、6冊送り、あらためて感謝の気持ちを手紙に書きました。

司先生の授業のノートは、いまでも2冊手元にあります。ページを開くと、先生が語った名言が目に飛び込んできます。先生から教わったことは、こうして私のなかにちゃんと根づいています。

司先生のことを思い出すたびに、教育とはすばらしい仕事なのだと、しみじみ思います。塾経営をしていた父もよく、「教育ほど良い仕事はないぞ」と言っていました。「人の人生が、教育によって良くなるのだ」「お金はなくなることもあるが、身につけた教育は一生なくならない」とも言っていました。

けっきょくいま、自分が教育の仕事をしていることを思うと、感慨深いものがあります。それは父が望んだ道であり、恩師である司先生や落合先生が導いてくださった道でもあるのです。

第5章

苦手なことは捨てていい

人生に必要ないことはさっさと捨てよう

前章で、努力の「努」という字は「ゆめ」とも読めるというお話をしました。どの分野であれ、成功者たちが異口同音に語っているのは「成功するためには、誰にも負けない努力をすることだ」ということです。努力とは本来、夢に向かって楽しみながらがんばるときに使う言葉なのです。

一方、私は苦手なことはする必要がないと考えています。苦手なことに時間を使って、眉間にシワを寄せて苦しい思いをすることは、努力ではなく〝苦労〟です。

また、人は苦手なことの先に、夢を描いたりはしないものです。夢とはだいたいが、自分の好きなこと、得意なことの延長線上にあります。

ですから好きなこと、得意なことに時間を使って、楽しい努力をするべきだし、そのほうが絶対にいいと、私は思っています。苦手なものは捨てていいのです。

プロローグでも触れたように、私は中学1年のときに、英語は自分には必要ないと判断して、勉強するのをやめました（笑）。

そもそも、両親が英語教育に無関心だったわけではありません。私には妹が2人いるのですが、妹たちは小学校のときから、アメリカ人の家庭教師について英会話を習っていました。もっと勉強したいからと、ECCにも通っていました。2人は英語がおもしろいらしく、楽しく勉強していました。

私は長女ですから、最初は私のために英会話を習わせ始めたのです。ところが私はまったくやる気がなく、すぐにサボり出しました。でも妹2人はまるで遊びの延長のように、楽しく英語を話せるようになりました。

けっきょく上の妹はオーストラリアの大学に行き、日本に戻ってからは、企業の中で外国人相手に英語で指導する仕事についています。

下の妹は海外の航空会社の客室乗務員になり、フライトで世界を忙しく飛び回っています。2人はもともと英語が好きで、いまは英語を使って仕事をしているのです。好きとは、こういうことだと思います。


一方私は、妹たちとは正反対で、英語にまったく興味がありません。進学したのはミッション系の中高一貫の女子校です。教科書を使う普通の英語のクラスと、アメリカ人が教えにきている英会話のクラスがあったのですが、英語は日本語のようには聞き取れないし、意味がわかりません。

妹たちのように、英語ができることがかっこいいとも思えませんでした。外国人にも興味がないのです。それで、私の人生には英語は要らないと判断したのです。

(大学受験をしたのですから、最低のラインは押さえていたのかもしれません。でも、そのときは英語ができないのをカバーするために、国語と社会で満点を取ることに、最大限の努力をしました)

何度も言いますが、英語ができないからといって、大人になってから困ったことは一度もありません。英語ができないとまずいと、世間的に思わされているだけです。少なくとも、できないよりはできたほうがいいと思わされていると思います。

実際はどうかというと、これからはＡＩも発達し、ますますスマホの翻訳機能が充実するでしょう。日本語から英語、英語から日本語へなど、どの外国語であっても簡単に、より精度高く翻訳してくれるようになります。

さらに英語ができる必要はなくなった、というのが私の持論です。

興味がもてないことにも意味がある

そうはいうものの20代後半で学習塾フランチャイズ本部の会社を退職したあと、

「やっぱり英語はできたほうがいいかも」と血迷って（笑）、当時評判の英会話スクールのプライベートレッスンを受けたことがあります。

家で学習するためのテープも購入し、一所懸命聞きました。でも100万円ほどかけたのに、少しもできるようにはなっていません。何も覚えていないし、役立っていないのです。

けっきょく「やっぱり向いていない」ということがわかっただけでした。向いていないことに、お金と時間をかけてもムダになるだけだ、とわかりました。

興味をもてないので、何も頭に入らないのです。「これが向いていないということなんだな」と思いました。向いていないことをやるなら、自分が好きで興味があることに時間と労力を使ったほうがいいことが判明しました。

私の妹たちは、英語がしゃべれるのはかっこいいと思っているから、どれだけでも英語を楽しく勉強できるし、外国人のステキな友達もたくさんいます。

興味があるか・ないか、好きか・好きではないかは、思っていたよりずっと大事なことだと実感しました。

私は英単語を覚えるくらいなら、日本の美しい言葉を覚えたほうがステキだと思っています。

三島由紀夫さんや武者小路実篤《むしゃのこうじさねあつ》さんなど文豪の小説のなかの美しい言葉や、日本のシンガーソングライターの草分け、美輪明宏さんの美しい語り口・言語表現を吸収したほうが、知的で上品な言葉が身につきます。

私は英語ができなくてよかったと思っているのですが、それはもし英語ができていたら、いま頃は日本ではなく外国で活躍していたかもしれないからです。

日本一のお金持ちとして有名な斎藤一人さん（銀座まるかん創業者）のお弟子さんで大セレブの柴村恵美子さんは、私のことを「実践ジャー」と言ってくれます。恵美子さんから言われたことを、私がすぐに実行するからです。「利英さんは実践ジャーなので、必ず思いどおりにいきますよ。昔の私に似ているから」とほめてくださり、力をいただいています。

私が仕事をしていく上で原則としているのは、「知識→行動→継続」というシンプルな図式です。知って良いと思ったことはすぐに行動に移し、「自分と合ってる」「効果がある」とわかったら、ずっとやり続けること。ですから、私は「良いな」とか「やりたい」と思ったら、すぐに実行します。

もし英語ができて、外国人が好きなら、きっと私は海外に行って仕事をしているという自信があります。でも今生は日本で力を尽くすために、神様が私に英語の力を授けなかったのだと勝手に思っています。

子どもが何かに興味をもつのは理屈ではありません。同じく興味がもてず、苦手というのも理屈ではありません。苦手なものはやらずに、得意なものをやって、その力を磨いていけばいいと思うのです。

眉間にシワを寄せる苦労より、自然に笑顔がでる努力をしよう

私が幼稚園のとき、父が「女の子はピアノが弾けたほうがいい」と考え、ピアノを買ってきました。そして、父の塾の卒業生のピアノの先生のところに通うことになりました。

前にも書いたように、私は歌って踊ることが楽しいのです。そもそもピアノに興味がない上に、先生のところに行くと、まずは教則本のバイエルで音階の練習です。興味のないものを、家で自主的に練習するはずがないのです。

けっきょく練習などせず、先生のところでしか弾かないのですから、上手くなるわけがありません。それでも小学校高学年まで続けていました。妹たちも、母が車で連

れて行ってくれていましたから、一緒に習っており、私より上手になっていきました。いまでもピアノの練習はイヤだったことしか思い出せません。好きでなければ、あるいは向いていなければ、何事も上達しないということです。

もし英語が苦手と思っていた当時の私が、英語ができる妹たちと自分を比較し、できないことにコンプレックスを感じるような子どもだったら、どうだったろうと思います。苦しくても英語をやらなきゃダメだと思い込んだかもしれません。できない自分が悪いのだと、考える必要のないことを思いながら、ムダな苦労をし続けたかもしれないのです。

でも、眉間にシワを寄せてする苦労はしなくていいのです。なぜなら、苦しみの先には苦しみしかないからです。そんな苦労はやめて、楽しく努力できることをやったほうが、幸せになります。

眉間にシワを寄せてつらい思いをするくらいなら、「それは自分には必要ない」と判断すればいいだけです。中学の時点で英語は自分に必要ないと、さっさと思いきった私の判断は、本当に正しかったと思います。

これは、少し違う角度からの話になりますが、大尊敬している稲盛和夫さんは、ビジネスにおいて「誰にも負けない努力をするように」とおっしゃいました。

私はそれにつけ加えて、〝努力の方向〟が大切ではないかと思っています。稲盛さんも、努力を続けられる秘訣《ひけつ》は「自分の仕事を好きになること」だとおっしゃっていました。

稲盛さんは想像もつかないくらい努力されていましたが、仕事が好きで仕方がないから努力できたという側面もあるのです。

自分が好きなことは、時間を忘れるほど楽しくできます。人からは大変に見えても、本人は楽しいのです。

何度も言いますが、眉間にシワを寄せてするのは苦労です。努力ではありません。

苦しいことをする必要はないと私は思っています。楽しく努力できることを見つけて、それに向けて誰にも負けないような努力ができたとき、仕事も人生も充実し、最高の結果が生まれるのだと思います。

「必死」でも「一生懸命」でもなく「一所懸命」で生きる

努力について、もう少しお話しすると、「必死でやります」とよく言う人がいます。しかし、必死とは「必ず死ぬ」と書くので、言霊《ことだま》として良くないでしょう。死んでしまったら、どうしようもありません。

同じく「死に物狂いで努力します」というのも、「死ぬことも怖《おそ》れないでがんばる」という意味ですが、そんなふうに眉間にシワを寄せてやることを、努力とはいいません。努力というのは苦しいことではなく、自分の成長を実感できる、楽しいことです。

また、「一生懸命」という言葉をよく使いますが、正しいのは「一所懸命」。昔、土地をもらった人が1カ所の領地を守り抜き、繁栄させたいと思って、その土地に全部の力を注いだことから、一所懸命という言葉が生まれたそうです。

「一生懸命」では、死ぬその日までがんばるわけで、言葉が重いし、悲壮感が漂います。ところが「一所懸命」は、後先を考えずに、いまこの場所、この時間に集中してがんばることを指します。

いま目の前のことに夢中になり、全力を注ぐのが一所懸命。その瞬間、瞬間が山積みになって、良い結果が生まれるのです。

ですから、お互い一所懸命努力していきましょう。

世間の「普通」よりも、自分の「興味」に合うことを選ぼう

世の中の人はみな、「それ、普通じゃない」という言葉に惑わされすぎではないでしょうか。「普通じゃない」というのは、つまり「人と違っている」ということ。「きみ、その格好、普通じゃないよ」とか、「夜中に起きているのは普通じゃない」とか。例文はいくらでもつくれます。

でも、そもそも「普通」とは何でしょうか？　たとえば「大多数の人がそのようにやっていること」という答えが返ってくるとします。では、「大多数の人」って誰のことを指すのでしょうか。突き詰めていけば、意味のわからない言葉だと思うのです。

「じゃあ、普通の人って誰か、具体的に教えて」「あなたのまわりの普通の人を挙げてみて」と言うと、ほぼみんな、答えられません。人それぞれ個性も違うし、できることも違います。いかにも普通というものがあるように思わされていますが、それは幻想にすぎないと私は思っています。

たとえば子どもの教育についていうと、何に対してもまんべんなく、一定の知識・能力をもたせましょうというのは、個性をつぶそうとしているのと何ら変わりありません。子どもはオール5である必要はありません。凸凹でいいのです。

それぞれの子でできることは違うし、好きなこと、やりたいこともそれぞれです。人との比較はやめ、その子の興味があることを伸ばしてあげるのが大切だと思います。

同じような意味で、資格をとるのが趣味の人がいますが、私はムダなことだと思っています。そのたくさんの資格が、どこに活きているのかな、と疑問に思うのです。

それよりも、自分が携わっている仕事に関する資格の勉強をして、レベルアップをしたほうがよっぽど役立つのではないでしょうか。

資格をたくさんもっていることで箔《はく》がつくとか、「すごいと思われたい」と思うのはやめたほうがいい。きっと不安だから、資格をとろうとするのかもしれませんが、自分の将来のビジョンが見えているなら、それに役立たない、関係のないものには時間やお金を使わないほうがいいのです。

きちんと自分の糧になる努力と、それとは無関係の労力があります。きちんと取捨選択しないと、貴重な人生の時間がもったいない。手当たりしだいに資格をとることで、人生がどんどん過ぎていってしまう。そこをわかってほしいのです。お金と時間を浪費している場合ではないのです。

誰にでも
神様に呼ばれる
「コーリング」がやってくる

「天職」を英語に翻訳すると「コーリング」という言葉になります。コーリングは「職業」という意味の英単語ですが、「神様から呼ばれた」というのが語源です。自分のいまの仕事は天職だと思えると、人は自信をもてます。

第一線で活躍している人の話を聞くと、小さい頃からその仕事にあこがれていたという人は意外に少なくて、たまたま出会った人がきっかけになったり、いまの会社に採用され、配属された部署が、自分の活躍の場になったりしている人が多い。

たとえば私の会社の社員・蓮見さんは、もともとは宝石を扱うショップで販売の仕事をしていたり、別の会社ではＩＴ関連の業務を担当したりしていたのですが、どの会社でもなぜか、秘書の仕事が回ってくるのだそうです。気がつくとインド人の社長秘書になっていたりするそうです。

それで彼女は、どうやら自分は人をサポートする仕事が天職なのかもしれないと思い始めたのです。転職するにあたって、そういう職種を探してシェリロゼにやってきたのですが、私のサポートをするいまの仕事を「天職だと思う」と言ってくれています。いろいろやってきたことが、1本の道につながったのだそうです。

自分がやっている仕事が自分にとって正しい道だという確信がもてないと、どこかに「いまのままでいいのだろうか」という納得できない気持ちがあるものです。

それが、この道でいい、大丈夫と思えたとき、「神様が認めてくれたのだ」という思いがストンと心に落ち、人は自信をもって生きていくことができます。どんな人でも、自分が生きる意味はこれだとわかったときに自信が出るのです。

「頼まれごと」から次のキャリアが始まることもある

マナーについての本を何冊か出していることもあって、いまでは私のことをマナーの専門家として知っていただいている人も増えました。会社を起業して、女性向けに内面・外見トータルで自分を磨くスクールを始めたことはお話ししましたが、最初、マナーはほかの講師陣にまかせ、私はプラス思考をメインに教えていました。

ところが、会社を始めて2年目に、ある出版社から「結婚披露宴に出席するチャンスの多い、20代、30代向けのマナーの本を作りたいので、監修をお願いできないか」という依頼があったのです。

私は正直に、「私はマナーを教えていないのですが」と担当の編集者に伝えました。

「でも、マナースクールの社長さんですよね」「30代の先生を探しているのでぜひ」と、さらに頼まれたのです。

私はこのときに、稲盛和夫さんの「能力は未来進行形でとらえる」という言葉を思い出しました。どういう意味かというと、人間の能力は、未来に向けて成長し、進歩していくということ。頼まれごとをされたとき、いまの自分では能力がたりないから「できません」と安易に断らないように、ということです。

断ってしまったら、新しいことや高いレベルの能力を身につけることはできません。能力以上のことだと思ったとしても、何としても成しとげようという強い思いで、まず「やらせてください」と言い、それから、いろいろとたりない部分を学びながら挑戦する。その結果、高い目標を達成できるし、自分自身もレベルアップするのだという教えです。

この言葉が後押しをしてくれて、私は本の監修者になることを引き受けました。

本はおかげさまでよく売れ、雑誌やテレビから、マナーについての取材がたくさん舞い込むようになりました。そこから、私のマナー講師としてのキャリアが始まりました。

ですから「頼まれごと」というのは、とても重要だと思っています。

先方は、あなたのことを見込んで頼むわけですから、そんなチャンスを断っていては、自分の道がひらけていきません。頼まれごとをとにかく引き受けてやっているうちに、だんだん自分の進む道、天職になっていくのだと思います。

いま経験していることが、未来の「コーリング」につながっている

さて、マナー本の監修の仕事に取り組むうちに、自分はこの仕事をする準備を、そ

れまでの人生を通して、ずっとやってきたのだと感じるようになりました。

本の企画としては、とくに結婚披露宴での最新マナーを充実させたいということでしたが、考えてみれば、私は芦屋で会社に勤めていたときも、東京に出てきてからも、土日祝日は結婚披露宴の司会をやっていました。披露宴会場の現場の様子は、きっとどのマナーの先生より、私のほうがくわしいだろうなと思いました。


当時、世に出回っているマナー本の著者といえば、その道数十年という年配の先生ばかりでした。そういう先生方は指導者としてのキャリアは長く、形式的なマナーには精通していますが、若い人たちが求めている「いまどき」のマナーについてはあまり知りません。私は結婚披露宴の司会の経験を通じて、いま現場でどのようなマナーが求められているか、細かく提案することができたのです。

そこで、白いドレスを着て出席する人もいるけれど、白は花嫁のウェディングドレスの色なのでNGだとか、テーブルでのふるまい方、髪のセットや持ち物など、現場を知っているからこその知識を、ふんだんに盛り込みました。

それに幼少期から両親にしつけられて、食べ方、おつきあい、年中行事など身についていたことが多かったおかげで、世の中のマナー本に書いてあることはだいたい知っていたのです。

そんなこともあり、知らずしらずのうちに私はマナー講師になるべく人生を歩んできたのかもしれない、と思いました。

私はその後も、脳科学を勉強してメンタルトレーナーの資格を取得したり、年中行事の室礼《しつらい》を専門的に学んだりして知識を深めたり、いろんな料理の「キレイな食べ方」を動画にしてユーチューブやインスタグラムにあげたりしながら、マナーのプロとして高みをめざしてきました。

あなたの場合も、いまあなたが経験していること、歩いている道が、「コーリング」に直結しているかもしれません。

素直に、いま目の前の仕事に一所懸命取り組み、そのなかで能力を磨くことが、自分のコーリングへの近道ではないかと、私は思います。

第6章

生き方にもマナーがある

つらい失敗が
新しい世界への
扉を開いてくれた

そもそも私がマナーを学ぶきっかけは、ある苦い経験をしたことでした。

就職活動でテレビ局のアナウンサーへの道が閉ざされましたが、大学4年のときからテレビのリポーターとして、ワイドショーなどに出演していた話は先に述べました。

それはある有名な俳優さんが亡くなり、お葬式の中継をするために現場に行ったときのことです。その日はみぞれが降って、とても寒い日でした。

当時の私は黒い服というと、黒のワンピース1着しか持っておらず、上着も黒い革のコートしか持っていませんでした。

それで、その革のコートを着ていったのですが、私の姿を一目見たカメラマンが、担当ディレクターを、すさまじい剣幕で怒鳴りつけています。「こんなバカをなんで連れてきたんだ」と言っているのです。

いうまでもなく葬式の場に革のコートはマナー違反です。革は「殺生《せっしょう》」を連想させ、お葬式の場にはふさわしくないのです。しかし当時の私は、そんな常識も知りませんでした。けっきょく、極寒のなかコートを脱ぎ、薄い黒のワンピース1枚で震えながら中継するしかありませんでした。

そのときのカメラマンからの叱責を、いまでも覚えています。きびしい口調でこのように諭されたのです。

「おまえはテレビ局を代表しているんだ。テレビ局はおまえのためにわざわざ中継車を出してこの時間を押さえる。それで葬式に革のコートを着てくるバカの姿を全国に放送したら、苦情の電話が殺到するに決まってるじゃないか。すべてテレビ局の責任になるんだぞ」

カメラマンが言うことはもっともな話でした。当時はいまと違って、中継というと大規模な機材を積んだ大型バスのような中継車を出して、そこから電波を飛ばす方法しかありませんでした。

たった数十分の中継のために、何百万円ものお金がかかるのです。どんな激しい言葉で怒られても、すべて自分が悪いわけですから、ひたすらに謝ることしかできませんでした。

それから私は、マナー本を何冊も買って、真剣にマナーについて勉強しました。あのときに失敗して怒られて、本当によかったと思います。もう二度とそういう失敗はしないようにしようと、自分に決めたからです。

いまになって思うと、あのときが、私がマナーの大切さを実感した最初でした。そんなことでもないかぎり、マナーの本を買って真剣に勉強はしなかったと思います。

やがてマナーの専門家としてのキャリアを積んでいくわけですから、いま振り返れば、この失敗もまた「必要だったこと」「ツイてること」だったといえます。

マナーは人と人をつなぐ「心のリボン」

私は昔から、マナーとは「心のリボン」だと言ってきました。人の心と心を結ぶのがマナーだと思うからです。

マナーで大切なのは、思いやりと感謝の気持ちをかたちにして表現すること。たとえば私が教えているマナーのひとつに、「お礼状を必ず出す」ということがあります。

形式的なことを言っているのではなく、相手に対する感謝の気持ちを自分の言葉でお礼状というかたちにして贈り、「心のリボンを結びましょう」ということです。

手紙は心と心を結ぶリボンとして、わかりやすい贈り物です。仲よくしたいと思っている相手に手紙を送ることで、お互いのリボンが結ばれ、心がホッとあたたかくなります。

盛和塾に入ってから、私はよく稲盛和夫塾長に感謝の気持ちをこめた手紙を送ってきました。お会いしたときに手渡したりもしていました。その数は15年間で、かるく100通を超えていると思います。

ただ感謝の気持ちを伝えたいと思い、実行してきただけですが、結果として稲盛塾長にかわいがっていただき、多くのご指導や私の本の推薦などをいただきました。ご縁は大切な宝物です。

感謝する心は、マナーの基本です。テーブルマナーにしても、自然の恵みに感謝をし、食材を育て、収穫してくれた農家の人たちに感謝をし、料理を作った人にも、テーブルまで運んでくれた人にも感謝をします。

「ありがとう」「いただきます」「ごちそうさま」「おいしかったです」という言葉はその気持ちを表現した心のリボン。

リボンを結んだ数だけ、人とのつながりができますから、私は、「マナーが身につくと、人間関係は確実に良くなる」と、自信をもって言えます。

感謝をするということでいうと、ついさいきん、私の母のことで感動したことがあります。第1章でお話ししたとおり、母は毎月、名古屋から東京に出てきています。このところ歩くのが少し大変になってきているので、歩きやすい靴を買いに行ったのです。

そういう靴を専門に扱う店に行ったのですが、そのときに靴屋さんに母の足を見てもらいました。すると、いつも愛用している5本指の靴下より、普通の靴下のほうがいいと言われました。さっそく母の靴と靴下を一そろい買いました。

家に帰って、「もう5本指の靴下は必要ないから、いま履いているのは、脱いでそのまま捨てちゃえば」と、私は言いました。

そうしたら母は、「この靴下にいままでお世話になったのだから、ちゃんと洗濯して、キレイにしてあげてから捨てる」と言ったのです。

よく聞いたら、母はこれまでもずっと、身につけるものを捨てるときは、必ず洗濯してから捨てていたそうです。それを聞いて、母は物に対しても感謝をし、丁寧に扱う人なのだと、あらためて感動しました。

そして、そういえばわが家では、昔から物を捨てるときには「ありがとう」と言って、お清めの意味で塩をまいて、袋に入れ、必ず縛ってから捨てるようにしてきました。袋に入れるのは、捨てるものが他のゴミと混ざって汚れないようにするためです。最後まで美しい姿であるように。

この捨て方は、小さいときから母にしつけられてきた、わが家の習慣です。いまでも、たとえば古くなった服や食器を捨てるときに私もやっています。こうした物に対する心づかいが、丁寧に生きることにつながるのです。

身を美しく
丁寧に生きるのが
マナーを学ぶということ

マナーを学ぶというのは、けっきょく人や物を大切にし、丁寧に生きることを学んでいるのです。

再びお礼状の話ですが、たとえばお礼状を出すようになると、その人の人となりが変わってきます。キレイな絵葉書を買ったり、切手も絵柄にこだわって、相手や季節に合わせてステキなものを選ぶようになります。字をキレイに書こうと思うようになります。生き方が丁寧になっていくのです。

万年筆を買ってみるとか、便箋も無地のものではなく、花柄のものを用意したり。自分の文章力がいまひとつだなと思えてきて、本を読むようにもなるでしょう。美しい表現を知りたくて、文学作品に触れたりもするでしょう。
そのようにこだわりが出てきて、より美しいものを見るようになり、見える世界が変わってきます。お礼状ひとつとっても、相手が喜ぶようにという心づかいから始まって見るものが変わり、美意識が磨かれ、良い循環に入っていくのです。これもまた丁寧に生きることです。

私の両親はしつけにきびしい人たちでしたが、「躾《しつけ》」という字は身を美しくすると書きます。身を美しくすることは、物を大切にすることでもあり、自分を大切にすることにつながります。

マナーは「人」への思いやり、心づかいが基本ですが、「人」には、相手だけではなく自分も含まれます。マナーは、自分を大切にすることでもあるのです。

自分を大切にすることでいうと、私は、自分自身を幸せにできない人は、人を幸せにはできないと思っています。

たとえば中学生になると数学で因数分解を習いますが、因数分解を知らないと、人に因数分解を教えられません。たし算と引き算しか知らないのに、因数分解を教えることは不可能です。それと同じで、自分が幸せでないのに、人を幸せにすることはできません。自分が幸せでない理由は、自分を大切にしていないからです。

スクールの受講生のなかには、自分のことはさておき、子どもを幸せにしたいというお母さんがたくさんいます。私は、それは違うと、はっきり伝えます。「あなた自身は何をやっているときが幸せですか？　まず自分を幸せいっぱいにして」と。

自分の幸せがわからないのに、子どもを幸せにしたいというのはムリがあります。そういうお母さんたちは、子どもや夫のことばかりを優先し、自分は何をしたいか、何が幸せなのかを少しもわかっていません。

自分が幸せでなければ、子どもを幸せにはできないと思ってください。自分から幸せがあふれ出て、まわりが幸せになるというのが、人を幸せにする方法です。何といっても子どもの幸せは、「お母さんの笑顔」です。お母さんが泣いていたり、暗い顔をしていて、子どもが幸せを感じられるはずはありません。

丁寧に生きることは、自分を大切にすること。自分を大切にするから、自分が幸せになり、人を大切にできます。まずは自分を幸せでいっぱいにしてあげてください。本当の意味で人を大切にする気持ちは、そこから芽生えます。

心のあり方を変えると、結果もやりがいも変わってくる

地方都市にある製薬会社の社員研修を依頼されたときのこと。製造過程の最終段階の、薬を袋詰めする作業でミスが多く、ロスが生じるのを何とかしたいというお話でした。

研修の前日に工場見学をさせてもらいました。私も白衣を着て帽子をかぶって、袋

詰めを体験したのですが、パートのみなさんの袋詰め作業の速いこと！　初心者では、とてもあのスピードで入れることはできません。私はただ邪魔をしている状態になってしまいました。

働いている人たちの話を聞くと、やりがいが感じられないとか、家と工場の行き来だけで1日が終わってしまうなどと言っていました。その工場は田んぼの真ん中にあり、途中に百貨店や商店街、あるいは公園などがあるわけでもないのです。作業も単純といえば単純で、箱や袋に入れるだけの作業です。

私は、次の日の研修の最後に、こんな話をしました。

「昨日見学させてもらいましたが、私は全然役に立たなくて。みなさんの速度は本当にすごいなと感心しました」「でも、みなさんにわかっておいてほしいのは、その仕事をただ作業としてやっているのではないかということです。だから、やりがいが出ないのです」というところから、心を込めることの大切さをお話ししました。

「みなさんが袋詰めしているこの薬を飲んだ患者さんのなかにはきっと、『元気になりました』とか、『命が救われました』という方が、たくさんいるはずです。みなさんは、それだけ重要な仕事をしているのです」

「今日からは、患者さんたちの笑顔をイメージして仕事をしてください。『これを飲んで体調が良くなりますように』と思いを込めて袋詰めをしてください」と私は話しました。

すると、みなさんの目が輝き始めて、ニコニコと笑顔になって、研修のあとに、何通もお手紙をもらいました。

「これまでは早く時間が終わらないか、ということばかり考えていたけれど、この薬で救われる患者さんがいると思ったら、やりがいを感じられるようになりました」とか、「先生の研修を受けてから、田んぼの夕日の美しさや、稲穂が風にそよぐ様子がキレイだなと思って、さわやかな気分で帰れるようになりました」といったうれしいお手紙を何通ももらって感動しましたし、社長からも袋詰めミスによるロスが激減したという連絡をいただきました。

仕事への取り組み方が変わると、人生そのものが変わってきます。何事も心を込めてやることが重要なのです。イヤイヤやっていると、そのイヤな気持ちが結果に出てきますが、心を込めて取り組めば、必ず良い結果が出るのです。

心のあり方が現実を変えるというのは、こういうことだと思います。

「おいしくなあれ」と心を込めたお茶は誰もがおいしく感じる

私の妹は外資系の航空会社の客室乗務員をしていますが、その妹にちょっとした実験をしてもらったことがあります。

飛行中にお茶のサービスをしますが、そのときに「事務的に作業としてお茶を淹《い》れ

て出す」のと『おいしくなあれ』と気持ちを込めながら淹れて出す」という両方を

やって、お客様の反応が違うかどうかを見てもらったのです。

　すると、事務的に淹れたほうは、だいたい残されることが多かったのですが、「おいしくなあれ」と気持ちを込めて淹れたお茶は、ほぼ「お代わりください」とか「おいしかったです」などと言われたそうです。

　ほかの何人かの外国人の客室乗務員にも協力してもらって、同じことをやってもらいましたが、全員に同じ結果が出ました。

「おいしくなあれ」という気持ちを込めてお茶を淹れると、お客様からおいしいと言われたり、お代わりくださいと言われたりする。

　つまり、同じお茶を出すという作業であっても、心を込めるとおいしいと思ってもらえることが、実験結果に表れました。たとえ口に出さなくても、「心を込める」と、良い結果になるのです。

製薬会社の袋詰めの作業に話は戻りますが、パートのみなさんが「患者さんが良くなりますように」と込める思いは、この妹の実験から想像すると、きっと患者さんたちに届くのではないかと思いました。「なんだかこの薬を飲むと調子いいです」という患者さんの言葉が聞こえてくるような気がします。

「心を込める」ことは、大切なことです。自分の目の前にある作業をするとき、ぜひ、それぞれの作業の先にいる人への思いを込めることを、習慣にしてほしいと思います。イヤイヤ仕事をしている人に、良い結果が出るわけはないのです。

コピー取りひとつとっても、「なんで私がコピーなんかしないといけないの！」と思っている人と、「自分が取ったコピーで、みなさん、いい会議ができるといいな」と思いを込める人では、たぶんその後の仕事や人生の違いは大きいと思います。

一度、自分がさせていただいている仕事に対して、どのくらい心を込めているか、考えてみてください。心のあり方しだいで、現実が変わっていくのですから。

心づかいも「自己満足」でいい、おめでたい人になりましょう

生き方の大切なマナーとして、「自己満足」することを、これからやっていただきたいと思っています。自己満足とは、「自分で自分を満足させる」という意味です。

普通はあまり良い意味に使われない言葉ですが、人と関わるときに、心地いい距離感を保てる考え方だと思っています。

たとえば人への心づかいも、自己満足でやっていれば、相手も自分もよけいなストレスを感じたりしません。評価や見返りなどを相手に求めない、シンプルに自分のなかで完結する心づかいだからです。

「自分のなかで完結する心づかい」とは、たとえばこんなことです。

私は先日、神戸にある会社の社員研修を依頼され、ひさしぶりに神戸を訪れました。ついでに、20代後半で芦屋にあった会社に勤務していたとき、よくお参りしていた芦屋神社へ参拝に行ったのです。

そこで見つけたのは「引き寄せ守」という小さなお守りです。ご縁を呼ぶお守りで、赤い糸を巻きつけたとても小さな糸巻が中に入っており、それには「縁」と「糸」という文字が押されています。

私はなんてステキなお守りだろうと、とても気に入り、さっそく次の週に仕事で会う人たちに渡そうと、いくつか購入しました。

私はこんなかわいい、縁起のよさそうなお守りが手に入り、うれしくて仕方がありません。東京に戻ってからも「早く渡したいな」とウキウキしていました。つまり、このような気持ちになることが、自己満足です。

べつに渡した相手に「センスがいい」とか「心づかいがスゴイ」とか、評価してもらいたいわけではありません。ただ、こんなステキなものを発見してプレゼントする自分はステキだなと思って満足し、上機嫌なのです。

もし相手が受け取ったとき、あまり興味も示さず、「ありがとうございます」と無表情で言い、自分の荷物にさっさとしまい込んだとしても、べつに関係ないのです。とにかくステキだと思った品を、相手にプレゼントしたその瞬間に、私のなかの楽しさやうれしさは自己完結しています。評価は問題ではありません。

もちろん、相手が喜んでくれたら、さらにまた私は上機嫌です。つまり、どちらにしても自己満足とは、つねに上機嫌でいられる心のもち方です。


このように自己満足でいいという考え方でいると、他人に左右されず、いつも上機嫌でいられます。そういう、いつも上機嫌な自分を私は「おめでたい人」と呼んでいます。自分で自分のことを、おめでたい人と思っていたら、これもまた笑えます。

私がそうやって上機嫌でいるとまわりの人もうれしいらしく、機嫌のよさが伝染します。このように自己満足で相手には何も求めず心づかいをしていると、自分の心も豊かになるし、上機嫌になり、けっきょく人に好かれます。あなたも自己満足の心づかいをして、おめでたい人になりませんか？

マナーというのは、極論すれば自己満足でいいと私は思っています。「自分はマナーができているから」とか、「相手のマナーは間違っているから」などという評価は、マナーには不似合いです。

マナーというのは、そもそもが「感謝の気持ちと相手への思いやり」です。他人に対して押しつけがましいところなど少しもない謙虚な心が、マナーには求められます。

相手に心づかいをすることができた、その事実だけで十分にステキだと自己満足できたらいいのです。「もっと喜んでくれてもいいのに」とか、「私の気持ちを少しもわかってくれていない」とか、「マナーができている私の振る舞いってステキでしょ」とか、そういう他人の反応や評価を求めないで、あくまでも自己満足する心があれば、十分なのではないでしょうか。

誰からも
好かれたいという
気持ちを捨てる

これもまた受講生によく言っていることですが、八方美人はムリです。

１００人の人がここにいるとしたら、多くの人は、１００人から好かれたいと思うでしょう。でも私は、１００人全員に好かれたいとは思っていません。私はつねに、自分のことを嫌いな人がいてもかまわない、というスタンスでいます。

というのも、人は性格も好みも、それぞれ違います。いろいろな考え方の人がいるわけですから、意見が合う人、合わない人、波長が合う人、合わない人は必ずいます。

全員から好かれたいと思っても、絶対にムリなことなのです。

「好き」と「嫌い」にはっきり分かれるわけではなく、どちらともいえない人や、そもそも関心がない人もいるはずです。そういうことをわかった上で、適当な距離を置いて、人と関わることは大事だと思っています。

自己満足の考え方と同じです。自己満足は、他人の反応や評価は気にせず、自分が上機嫌であれば、それでいいのです。

相手が自分のことを好きか嫌いかは、相手の心の問題です。自分にはわかるはずもなく、どうにかできることでもありません。相手の好き嫌いを気にしても仕方ないので、いつも自分が上機嫌であれば、それで十分と思うことが大切です。

自分を好きになってほしいと相手に求めない。あなたが相手を好きな気持ちがあるなら、それだけで気持ちはウキウキするし、身だしなみを整えたり、成長している自分に自己満足したりしていれば、いつも上機嫌でいられます。

人間関係は「自分が何とかするもの」と思っている人は多いと思いますが、それは思い込みでしかありません。自分では何ともできない部分もあるのが、人間関係です。

たとえば、知り合いの会合に、出席することになっていたとしましょう。でも、その日は体調が悪くて、出かけるのをやめたいと思ったとします。

そういうときは、私はその会合に出席するのをお断りします。キャンセルして人間関係がまずくなるのはイヤだからと、ムリして行くことはしません。ムリして出席しても、元気のない疲れた表情で座っていたら、人によけいな気づかいをさせ、場の空気を悪くするだけで、かえって迷惑をかけると思うからです。

もしかして、出席を断ることで、相手との関係が悪くなったとしても、仕方ありません。その人とのご縁はその日までだったと、割り切ることにしています。逆に、その相手とご縁があるなら、断ったとしてもご縁は続きますから。

これは心学研究家の小林正観《せいかん》さんの本で学んだことですが、お釈迦《しやか》様はこんなことをおっしゃっています。まず人は、自分の人生を自分の思いでつくっていると思うから、悩み苦しむのだ、ということ。

実は、人生は自分の思いでできあがっているのではない。そうではなく、神仏やまわりの人たちのおかげで成り立っている。自分の思いなどそこに含まれない、ということです。

「自分の思いで人生をつくっている人はいない」とお釈迦様はおっしゃいます。

つまり、自分以外の大きな力によって、人生は成り立っているとしたら、あなたが嫌われたくないとか、関係が悪くなるとか心配しても、仕方がないわけです。それを決めるのは、相手でもありません。もっと大きな力が働いて、人のご縁は成り立っているということです。

ということであれば、「きっとあの人はこう思うに違いない」と気に病んで、嫌われないようにとムリすることはないわけです。ご縁がある人とは、何があってもつながるようにできています。

ですから、自己満足の話に戻りますが、いつも自分の機嫌をとって上機嫌でいられるように考え、行動し、おめでたい人になるのがオススメです。

「自己満足」を磨き続けると、「才能」になる

他人の評価に振り回されることはない、自己満足でいいと私はよく言っていますが、どうも人の才能というのは、自己満足の延長線上にあるようだと思っています。

自分がやっていることにやりがいや喜びがあるから、才能が磨かれるのです。自己満足できるくらい喜びがあるのであれば、それはあなたの才能の芽生えかもしれません。

たとえば元メジャーリーガーのイチローさんは選手時代、毎日のルーティンが決まっていて、毎日欠かさず同じ練習をして努力を続けました。

そのときに、たとえばバットの振り方ひとつとっても、他の人が見ても、どこがどう違うのかわからないのだけれど、「今日の振り方は良かった」とか満足げに口元が笑っていたりしたかもしれません。それは、自己満足の世界なのです。

でも、その自己満足をさらに磨いていくと、才能になる。自己満足がある臨界点に達すると、誰もが認める才能になるということです。

自分は自己満足ができてうれしいから、「もっと、もっと」と研究したり、情報を集めたり、練習したりしているうちに、他の人があっと驚くような成果が上がったりするのです。

よく「あなたのやっていることは、どうせ自己満足にすぎない」と否定的なことを言う人がいます。そんなふうに他人から言われると、「オレって才能ないんだ」と落ち込んでしまう人もいるでしょう。その言葉で才能の芽を摘まれる人は、たくさんいると思います。

でも、自己満足を極めた結果が才能になるのです。だから、他人の目や評価など、関係ないと思って楽しみましょう。

自己満足はつねに重要です。私は「何に対しても、自己満足する」でいいと思っています。料理を作っても、上司から言われてコピーを取っても、スマホで花の写真を撮っても……。ぜひ、いろんな場面で、自己満足を極めていってください。

贈る本人が満足しているプレゼントはもらってもうれしい

シェリロゼの講師陣のひとりで、元客室乗務員で美人弁護士の成瀬圭珠子《かずこ》さんは、私が師匠と仰いでいる方です。キレイだし、やさしいし、頭はいいし、仕事はできるし、センスがいいし、私からすると完璧な女性なのですが、とくに、ちょっとしたときにさりげなく贈ってくれるプチプレゼントのセンスが抜群なのです。

それはきっと、彼女の自己満足の極みで、「プチプレゼントの本が出せますね」と言っているくらいです。

たとえば、コロナ禍の期間中、私はぬり絵を始めました。幼少期から絵を描くのが好きなので楽しいし、色を塗っていると集中するので、リフレッシュできるのです。色使いがステキだとほめられ、自分でも自己満足しましたから、インスタグラムに「ぬり絵は楽しい！」と自分のぬり絵の写真をアップしました。

すると、成瀬師匠からさっと届いたのが、削りカスが花びらの形になる色鉛筆のプレゼントでした。

紫の色鉛筆はキキョウの花びらの形になり、ピンクは桜の花びらみたいな形になるのです。もう、ステキすぎて感動しました。

成瀬師匠は文房具が好きでいろいろアンテナを張っているので、「ぬり絵が好きなら、あの色鉛筆を贈ると、きっと井垣さんは喜ぶわ」とピンときて、すぐ送ってくれたのです。

こんなセンスのいいプレゼントを選べるなんて、才能以外の何物でもないと私は思います。そういうステキなものを、よく贈ってくれます。

成瀬師匠は贈り物をするのが好きで、こんなステキなプレゼントを選んだ自分に、きっと自己満足していると思うのです。プチプレゼントは彼女にとっては趣味なのだと思いますが、私のスクールでも魅力アップの講座を担当してもらっていますから、自己満足が高じて才能となり、仕事にもなっているというわけです。

もちろん自己満足するのは、もっと些細《ささい》なことでもいいのです。たとえば、今日滝れたお茶は、いつもよりおいしかったと感じて、「私はお茶を淹れるのが上手い」と自己満足する。そんなおめでたい人でいいのです。

こんな小さな場面で自己満足を重ねていると、その自己満足が少しずつ自分の中にたまっていきます。

すると、人の評価を期待する気持ちなどなくても、自然と何かの能力が目立ってきて、評価されるようになるものです。

その結果、自信がつき、いつのまにかふんわりと上昇気流に乗っている自分に気づきます。おめでたい人は、いつも笑顔で機嫌がよく、幸せなオーラがあふれ出ているのです。マイナスの要素が入り込む余地はありません。

そして、そんなふうにいつも楽しく過ごしていたら、良いことがいろいろ起きるようになるのです。

つまり、自己満足で機嫌よくしていると、ツキのほうからこちらにやってきます。おめでたい人は、良いことがたくさん起きるようになっています。だから、さらにおめでたい人になるのです。

気持ちを上げてから行動すれば、うまくいく

船井総合研究所の創業者で経営コンサルタントをされていた船井幸雄先生は、本のなかで次のようなことを書いておられます。

たとえば百貨店の経営者から、「売り上げが悪いから、売り場をガラリと改装して、売り上げを上げようと思うのだが」という相談を受けたとします。

そのような場合、船井先生は「売り上げが落ちているときにそれをやったらダメだ。一度売り上げを上げて、経営を上向きにした状態で改装をするように」とアドバイスしたそうです。上向きであることが大切なのです。

それは、船井先生のツキを呼び込む法則のひとつです。

人も同じで、自信をもたせて気持ちを上向きにすることが大切です。

たとえば銀座まるかんの創業者・斎藤一人さんは、病気がちで中学校も満足に行けていないそうです。そのときお母さんは「これだけ学校に向いていないのだから、社会に向いているよ、大出世するよ」と言って、一人さんを励まして育てたそうです。そんな一人さんは、社会に出て大成功し、いまや大富豪です。


また手塚治虫さんのこんな話もあります。

手塚さんは、授業中も好きな漫画ばかり描いているような子どもでした。でもお母さんは怒ることはせず、「今日は何を描いたの?」と見せてもらい、「私はあなたの漫画の大ファンだからね」と言って育てたそうです。

何が言いたいかというと、子どもの気持ちを上向きにしてあげる。子どもの自己満足をお母さんが認めてあげる。それでやる気が出て、自信がつくのです。

自分の体をいたわることも、自分へのマナー

会社をつくって3年目ぐらいのとき、私は初めて体調を崩しました。

朝、ものすごく下腹が痛くて目が覚めたのです。鏡を見たら、顔が真っ青です。いままで一度も生理痛などなかったのですが、これがあの生理痛だなと思いました。これは普通じゃないと感じたので、すぐに婦人科に行ったのです。それも初めての経験です。

すると子宮筋腫だと診断されました。まさに青天の霹靂《へきれき》でした。それでも痛み止めの薬を飲み、仕事を続けました。数年後にもう限界ということで手術をし、生理痛もなくなり、元気になりました。やっと回復に向かうことができました。

私はこの病気がわかったとき、「なぜ女性を幸せにするための仕事をしている私が、女性の病気にかかるんだろう」と疑問に思え、涙が止まりませんでした。

すぐに、体をよくするためにいろいろな勉強をし、体質改善のために食生活を日本食中心にし、整体に行き、早寝早起きをするようにしました。

東洋医学と西洋医学のおかげで、健康になったときに気づいたのです。

「女性のための仕事をしている私だから、この病気になったのだ」と。

以前は、生理痛について理解がなく、女性に対してのいたわりに欠けていたのです。

手術して1週間後に女性経営者から社員研修を頼まれたのですが、私が「まだムリかも。もう少し待ってください」と言うと、「大丈夫、手術したんだから、すっきりしたでしょ。お願い」とさらに頼まれ、2週間後に研修を行いました。

もしこの病気をしていなかったら、同じように、女性へのいたわりに欠ける言動を自分もしていたかもと思うと、自分が病気をした意味についてさらに納得しました。

飯田史彦さんの『生きがいの創造』（ＰＨＰ研究所）にあるように、生まれる前に自分の人生を設計して生まれてくるのなら、私は自分で、会社を起業したあとに女性の病気にかかると、決めてきたのです。

その意味をしっかり受け止め、その後は女性としての働き方や生き方について学び、受講生たちにも伝えるようになったのでした。

たしかに、いま考えると、私は女性としての働き方をしていませんでした。

私は34歳のときから、盛和塾で稲盛和夫塾長の「誰にも負けない努力をする」という話を聞いていたし、盛和塾の仲間はほぼ男性なのですが、2時間睡眠などを実行して働いていました。私もマネをして、短時間睡眠で仕事をしていたのです。

また船井幸雄先生が、朝食はいっぱい食べるようにとおっしゃっていたので、朝から焼肉やカレー、丼いっぱいの野菜炒めなどを毎日食べていました。

いまから思うと、ムチャクチャなことをやっていたわけです。

婦人科の先生には、「井垣さんは自分が女性なんだということを、きちんと自覚してください」と言われました。

病気になってから、女性の体のしくみと、男性との違いについてきちんと勉強しました。男女は体のしくみや役割が違うから、働き方も違っていて当然です。生理のときはゆっくり過ごしたり、冷えの予防や睡眠の大切さ、食事の大切さを専門家についてきちんと学んで生活を変えたのです。

私は自炊中心で、日本食を基本とした食事で体質改善をして、どんなに忙しくても夜の12時には必ず寝るようにし、一年中腹巻をしたり、靴下を履いたり、冬は湯たんぽを当てたりして、冷え対策を徹底してきました。

受講生のなかには生理不順の人や、不妊に悩む女性もいるのですが、「食べ物を変えることで体質改善できるから」と、自分が食事について学んだことを伝えたり、読んだ本を紹介したりしました。体は薬でできているのではなく、食べ物でできているから。

不妊に悩んでいた女性たちはその後妊娠したので、私は子宮の病気になったおかげで、多くの女性の役に立てたと思います。

自分の健康は自分でつくっていくという人生の鉄則

健康に気をつけるのも、生き方のマナーのひとつです。心身が健康でなければ、思いっきり自分の力を発揮して生きていくことはできません。世のため、人のために力を尽くすことも十分にはできなくなってしまいます。飛び回ることも、趣味を楽しむことも制限されてしまうのですから、とにかく健康第一です。

ここで私が実践している、健康でいるための基本をお伝えしたいと思います。

まず大切なのは自分の体の声を聞くことです。そして、疲れたなと感じたら、すぐに体を休めること。

気をつけたいのは、「自分は疲れてなんかいない」とムリヤリ思い込むと、脳は体の声など無視してがんばってしまうことです。

それでは、健康を維持できなくなり、病気になってしまいます。素直に自分の体の声を聞くことを心がけてください。体と心は連動しています。体が元気でないと、心も元気になれません。

睡眠はきちんととること。ショートスリーパーの人もたしかにいますが、だいたいは6、7時間の睡眠は必要だと思います。とくに女性は、短眠を続けていると早く老けるので、気をつけたほうがいいです。

体を冷やさないことは、すでにお伝えしました。「冷えは万病のもと」と言われますから、女性だけではなく男性も、気をつけてほしいと思います。

体は食べ物でつくられますから、食事は重要です。私が受講生に勧めているのは、日本人のDNAに合う食事をすること。基本は、ご飯とみそ汁と魚と野菜の和食中心です。とにかく、お米を食べることです。ただ、精神的に疲れているときなどは、肉を食べたほうがいいそうなので、肉も適度に食べるようにしています。

野菜は農薬などの心配もあるので、私は無農薬野菜を宅配で取り寄せています。それから、コンビニ弁当や外食ですまさずに、自炊をしましょう。自分で食材にこだわってご飯を作ることで栄養のバランスがとれ、よけいな添加物の入らない、安心できる食事をとることができます。

健康について、私が実行している基本は、こんなところです。あとはご自身できちんとした、変に偏りのない情報を得て、体調管理をしてもらえたらと思います。

自分をいたわるのは、自分へのマナー。これは自分にしかできません。

第7章

心を磨いて生きる

美しい生き方とは、心の純度を上げること

心のコップに、清らかな水を1滴1滴入れていくことで濁った水をキレイに変えていくお話をしました。それは、日常で目にする「情報」についても同様です。清らかな心で明るく楽しい毎日を過ごすためには、自分の気持ちが暗くなるような情報は見ないこと。そんな「心の品質管理」をしましょう。

たとえば凶悪な事件が起きたときなど、テレビやネットでその事件を取り上げ、事件現場や犯人の生い立ちなど、長い時間をかけて情報を流します。

その情報を細かく知ったところで、あなたの人生に何かいいことがありますか？その殺人事件や犯人の情報が本当に必要なものかどうか、考えてみてください。

会ったこともなく、これから先も接点などない犯人の生活ぶりや、小学校のときの卒業文集の内容が、自分にとって必要だとはまったく思えません。
殺人事件や災害などの悲惨なニュースは、刺激的ですから視聴率を稼げます。でも、1日24時間しかない貴重な人生の時間を、そんなくだらない情報を見ることに費すのはやめたほうがいいと思います。

潜在意識に入れたものが自分の人生をつくっていくのですから、潜在意識を良い状態に保つことは自分の責任。心が明るく軽くなること、好きで楽しいことに時間を使ったほうがいいし、自分の人生に役立つ勉強をしたほうがいいのです。
それは現実から目を背けることではなく、心が暗くなる、人生に必要のないよけいな情報は入れないように意識してほしいのです。

斎藤一人さん（銀座まるかん創業者）の一番弟子の柴村恵美子さんは、日頃から悪い情報は絶対に見ないようにしているとのこと。

ホラー映画や、残酷なシーンのある映画、ドラマやニュースはいっさい見ない。テレビで殺人事件のニュースが流れてきたら、すぐにスイッチを切る。音楽ですら、失恋の歌や恨み節など気持ちが暗くなる歌は聴かない。とにかく、悪い、イヤな情報が自分のなかに入らないよう、徹底しているということです。

その目的は、心を明るく軽い状態に保つこと。そのために、暗い情報や心が荒《すさ》むような情報は見ないようにしているのです。

潜在意識のクリーニングをつねに実践する

大学時代からの友人で、ジャーナリストとして活躍している大高未貴さんは、仕事柄、国内外のあらゆる情勢に触れ、ときに社会にはびこる「悪」にも踏み込んで取材しなければいけません。「ジャーナリストは、だんだん人相が悪くなってくるよね」とある人が言っていましたが、たしかに常識を疑い、悪を暴く仕事だから、潜在意識に悪いものがどんどん入ってしまいます。いくら志が高くても、顔つきが悪くなるのは仕方ないかもしれません。

ところが未貴さんは、いつも明るい笑顔で感じがよく、飄々《ひょうひょう》とした人柄なので、誰からも好感をもたれます。

なぜそんなふうにいられるかというと、つねに潜在意識のクリーニングを実践しているからです。潜在意識のクリーニング？　と思った人も多いと思いますが、どんな作業をするのかというと、次の5つです。

①暗いものを見ない
②楽しいことをする
③好きなことに時間を使う

④人の悪口を言わない
⑤よく寝る

未貴さんの場合は②～⑤をつね日頃意識的に心がけるようにし、仕事柄、①の社会の闇を見て胸が痛くなったときほど、それを世間に知らせることで、事象の光が差して反転するイメージをしているそうです。

たとえば私でいうと、③については食べることが好きなので、おいしいものを食べに行ったり、自分で作ったりして、楽しんでいます。②はデビュー当時から松田聖子さんと男闘呼組《おとこ》のファンなので、ライブに行ったり、歌を聴いたりコンサートのDVDを観《み》たりして、キラキラパワーをもらっています。

それから④の「人の悪口を言わない」は必須です。同じくグチ、不平不満、泣き言、心配ごとも言わないように意識してください。

まわりの人といて始まる悪口大会から抜け出すことも重要。悪口を言い合うことが楽しいと思える時点で、「あなたの心が汚い証拠」です。もしその場にいたくないと思っているなら、さっさとその場からいなくなることをオススメします。

「類は友を呼ぶ」と言われるように、自分の心がキレイであれば、今度は心のキレイな人と友達になれるはずです。

「もしかしたら、私の潜在意識は悪い情報でいっぱいかも」と落ち込む必要はありません。ここに書いた①～⑤の潜在意識のクリーニング法を日々実践することで、心が明るく、軽くなりますよ。

頂上を極めた人ほど、「まだまだです」と話す理由

私が20代のときから、その教えを学んできた松下幸之助さんや盛和塾で直接指導いただいた稲盛和夫さんは、誰もが認める大成功者です。このお二方が共通して語って

おられたのが、「素直な心が大事」「心を美しくすること」「心の純度を上げること」でした。

そして、このお二方のように、一生を通して心を高めることを続けてこられた成功者の方々が共通して口にされることは、「自分の力で成功したわけではない」ということです。

現に、稲盛さんが総額2兆3000億円という負債を抱えて経営破綻したJALを再建されたときも、「(再建中は)一所懸命に努力して、仕事をしているだけ。その最中は神様の応援などは感じない。あとになって思うと、自分の力ではなし得ないことができて、神様が応援してくれたのだと思う」とおっしゃっていました。私はその言葉をご本人から直接聞いています。

中途半端に成功している人たちのなかには、自分が考えに考えて、これで行こうと決め、そのとおりにやってうまくいったのだから、すべては自分の成果・手柄と思う人もいます。でも頂上にいる人ほど、自分だけの力ではないことを知っていて、謙虚に受け止めているのです。

ちょうど日本航空の再建が終わり、稲盛さんがまわりから「大成功ですね」と言われていた頃の話です。私は盛和塾の懇親会の席で、稲盛さんに「塾長は、どのタイミングで自分はビッグになったと思われましたか？」と質問しました。

というのも私自身が、どのタイミングでビッグになったと感じられるのかを、経験者に聞きたかったのです。たとえば会社が上場したとき、運転手がついたとき、自社ビルが建ったときなど、何か自覚するタイミングがあるはず、と思ったのです。

稲盛さんから返ってきたのは、意外な答えでした。「自分をビッグだと思ったことは一度もない」と言われたのです。

私はもう本当に驚いて、「えっ、ビッグだと思われたことはないのですか？」と聞き返しました。

それに対して稲盛さんは、「自分はいままでずっと、誰にも負けない努力を続けていて、いまもその努力を続けているだけだから、自分がビッグだと思ったことはない」と再びおっしゃいました。

やはりすごい方だな、と心から感動しました。すべての成功を手に入れていて、経営者としても、人間としても、世界が認めている大成功者の稲盛さんです。それなのに、一度もビッグだと思ったことがないとおっしゃるのです。

そういえば、どの本だったかは忘れてしまいましたが、松下幸之助さんの本のなかにも、「自分は成功していると思ったことはない」というような記述があったのを思い出しました。仕事人としても、人間としても成功している本物の成功者は、自分がビッグかどうかなど、気にも留めていないということです。

雑誌のインタビューを受けたときに、私はこのことを話しました。するとインタビュアーの方に、「あなたが尊敬しているお二人が、自分はビッグだと思ったことがないと言っているのだから、あなたもそのように、いつまでも自分はビッグだと思わず、あの人たちのような本物になってください」「そこをめざして、生きるように」と言われました。

謙虚さこそが堅実に歩みを進めるお守りになる

これは雑誌の記事で読んだのですが、稲盛さんは、「謙虚さは魔除《まよ》け」だとおっしゃっていたそうです。すばらしい言葉だと思い、とても印象に残っています。

つまり「謙虚さをつねにもっていれば、お守りになるよ」ということです。

「自分はまだまだです。いまの自分があるのは、たくさんの人のおかげです」と、そのような謙虚な気持ちをもち続けていれば、もっと成長できるし、魔がさして足を掬《すく》われることもない、ということでしょう。

京セラフィロソフィのなかにも、「常に謙虚であらねばならない」という言葉があります。（京セラフィロソフィとは、京セラを経営していくなかで、稲盛さんが実践を通して獲得された人生哲学です）

自分の才能や、ちょっとした成功を鼻にかけて傲慢になってしまうと、自分から人が離れていき、自分自身の成長も止まってしまう、という教えです。

稲盛さんはよく、「驕《おご》ったばかりに、つぶれていった人をたくさん見てきた」とおっしゃっていました。せっかく人生の上昇気流に乗れても、そこで浮かれて天狗《てんぐ》になり、努力を怠ってしまうと、簡単に降ろされてしまいます。

でも、「謙虚さ」という魔除けのお守りをもっていれば安心です。迷うことなく、つまずくこともなく、どんどん上昇していけるのです。

しかし、稲盛さんもまた、以前こんな話をしていました。京セラが何十億と売り上げをあげるようになったとき、稲盛さんの年収は300万円ぐらいでした。

そのとき稲盛さんですら、売り上げが何十億にもなっている会社の社長なのに、自分は300万円ぐらいしかもらっていないのか、と思われたそうです。外国の社長は1億円以上も年収を取っているのに、これでは割に合わないではないか、もっともらってもいいのではないか、と思ったそうです。

でも稲盛さんは、ここで驕ってはいけない、謙虚にとらえていかないといけないと思い返しました。自分が何億円ももらっていいと思ってしまうと、絶対に会社はうまくいかなくなる。自分をそうやって戒めました。「謙虚にして驕らず」ということを、ここから強く意識するようになったそうです。

稲盛さんですら、謙虚さを忘れてしまいそうなときがあったとすると、私たちはつねに意識しなければいけません。

「自分はいま謙虚だろうか」「傲慢になってはいないだろうか」と、いつも自分に問いかけ、謙虚さを意識することが大切なのだと思います。

稲盛さんはよく、他力がいかに大切かを説いておられました。他力というのは、わかりやすく言うと、神様の力とか、人からの応援という意味です。

成功するためには、自分が努力をするのはもちろんのこと、人から応援してもらえる自分にならないといけない。神様も応援したくなるくらい努力しなければならない、とおっしゃっていました。

また、大谷翔平選手は高校時代から、運を引き寄せる具体策として「プラス思考」「応援できる人間になる」「本を読む」「ゴミ拾い」「挨拶」などを挙げ、実践し続けているのです。

他の人が応援したくなるくらい人のためを思い、世の中の役に立つことを考えて、一所懸命に努力をしていると、「あの人があんなにがんばっているのだから、何か力になりたい」と思う人が出てきます。神様が応援してくれ、想像もしていないような、良いことがたくさん起こります。この他力をもらえるようになると、本当に成功するのだという教えです。

謙虚でいることは、自分を大切にすることそのもの

謙虚であることは、自分を大切にすることに通じます。たとえば、稲盛さんも「謙虚さがなくなったら、長続きしません」とおっしゃっていました。

たしかに謙虚さのない人は、良いときがあっても長続きせずに、ダメになっていく人が多いです。それを考えると謙虚であることは、自分の身を守り大切にする心の持ち方だ、と思うのです。

注意したいのは、謙虚は卑屈とは違うということです。卑屈な人は、「どうせ自分は○○だから」と自分を必要以上に低く見ています。やるべきことをやらないで、マイナス思考にとらわれていて、自分を大切にはしていません。

傲慢な人というのはその逆で、自分のちょっとした能力や地位や家柄などを過大評価して、エラそうにわがままにふるまう人のことをいいます。傲慢な人は薄っぺらで、本物の実力がない人です。傲慢さは自信のなさの裏返しともいえるでしょう。やはり傲慢な人は自分も人も大切にはしていません。そんな態度を取っているから、心ある人は離れていくのです。

謙虚な人というのは、自分は最大限の努力をしていて、責任感やプロ意識が高く、自信もある上で、「自分はまだまだです」と思える人です。「まだまだ」というのは、さらなる高みをめざしているからこその言葉です。

成功している人ほど、「自分はまだまだです」と言う謙虚さがあるものです。盛和塾の先輩でも、年商100億円以上の経営者や超一流の職人さんほど、ずっと「まだまだです」と思っていて、言葉にもしておられます。あの姿は本当に謙虚で生き方が美しいと、私は思っています。

お互い、自分を大切にしたいなら、つねに謙虚であることを、けっして忘れないようにしましょう。それが、大切な「生き方のマナー」だと思います。

謙虚さとは、自分を大切にするためには欠かせないものだとわかりました。では、どうすれば自分は謙虚になれるのでしょうか？

ひとつ大切なことは、やるべきことがわかっているなら、それに向けてこれ以上できないくらい努力をすること。自分がこれから取り組まなければいけないことを、具体的に考えてみてください。

自分の夢を実現するために、やるべきことは何ですか？　自分ではなく、人のためにできることはありますか？　自分の成長に役立つことなのに、言い訳して後まわしにしていることはありませんか？

とにかく笑顔で明るく、ワクワクしながら、そのやるべきことに一所懸命取り組んでみてください。ずっと続けていると、必ず成果が出ます。

人から「よくやった」とほめられたときは「ありがとうございます」とほめ言葉をきちんと受け止めてから、こう言ってください。

「でも、まだまだです」

「自分はここからだと思っています」

心からその言葉が言えるようになったとき、謙虚さとはどういうことかを実感できると思います。

過去にこだわらず、つねに「自分史上最高」を更新する

30代半ばの頃、同世代の経営者仲間と話しているとき、ひとりがこんな話をしていました。

彼はその頃は独身で、合コンに行ったのだそうです。そうしたら、そこに来ていた

女性が、20歳でミス何とかに選ばれたときの写真を出して、「ほら、これ私なの」とみなに見せたそうです。彼は〝ドン引き〟したそうです。

彼女にとっては、ミス何とかになった20歳のときが、それまでの人生で頂点だったのでしょう。いま目の前にいる彼女は30代半ばで、若い頃の輝きはなくなってしまい、過去の写真を引っ張り出さないと自分のプライドが保てないような状況なのでしょう。過去にとらわれるというのは、こういうことです。

でも、その女性も、20歳からの15年間、知性を磨き、経験を積み、会話美人になり、体を引き締め、メイクや髪型、オシャレにこだわっていれば、ステキな魅力あふれる女性になっていたはずです。

彼がドン引きしたというのは、「元ミス何とかだから、いまは何なの？」ということ。大事なのは、過去ではなく〝いま〟です。過去の栄光にすがり、過去の自分とつねに比べて、いまの自分に自信をもてない女性の姿を、哀れに思ったのです。

過去への執着を捨てて、自分を磨いていけば、35歳なら35歳なりのステキな女性になっていて、「あなた、本当にステキになったわね」と言われるはずです。

女性に向けた私のクラスでは、「自分史上、最高の美人になる」ことをテーマに、クラスで教えていることを実践してもらっています。人と比べてキレイかどうかではなく、自分史上、最高にキレイになればいいということです。

過去の自分といまの自分を比べて、20歳のときに戻りたいという人もたしかに多いのですが、過去には戻れないわけですから、比較しても仕方がなくて、意味がないのです。

「この先の人生を良くすることを意識しましょう」と私は言っています。自分史上最高の美人というのを毎年更新できる自分になるよう、笑顔で努力すればいいのです。

私自身も当然ながら、自分をずっと更新し続けているので、過去に戻りたいという気持ちはいっさいもっていません。過去といまを比較する必要はまったくないと思っています。「過去より大切なのは、いまと未来だから」と受講生にも言っています。

つねにいまの自分が最高――そう思えるように、自分を磨いて努力をすること。実際、年齢とともに内面からの美しさが増してくるし、オシャレをして、感じよくなれば、何歳からでも自分史上最高の美人になれると、私は思っています。

バックミラーを見てばかりだと前に進まない

たとえば「あのときは幸せだったなー」としみじみ言う人がいます。でも私は、「幸せ」ということを考えるなら、わざわざ過去をもち出す必要はないと思っています。たしかに、過去は過去で幸せだったかもしれません。またとない、良い思い出でしょう。でも、過去のことを幸せだったと言う時点で、「いま」と比較する気持ちがそこに隠れているのではないでしょうか。

逆に、「あの頃はあんなにつらかったけど、それに比べたら、いまはほんとに幸せです」と言う人もいます。ここでもまた、何も過去のことをもち出さなくても、いまが幸せなら、もう過去のことはどっちでもいいでしょう。

何度も言いますが、私は過去といまを比較する必要はまったくないと思っています。あなたが生きているのは、つねに「いま、このとき」です。いまこの瞬間に幸せと感じるなら、あなたは幸せです。そして、いまがいちばん幸せと思うことが、人生でいちばん幸せな考え方だと思います。

たとえば「空が青くてキレイ」とか、「このお団子、おいしい」とか、いま目の前にある小さな幸せを感じるだけでいいのです。ぜひ、いまこのときを幸せな時間にしましょう。

過去にとらわれないということでいうと、世界的ファッションデザイナーのコシノジュンコさんの言葉で、「過去はゴミ」というものがあります。私のお気に入りの言葉です。コシノジュンコさんだから言える言葉だと思いますが、「説得力あるな」と感心してしまいます。

世界各地でファッションショーを開催して国際的に大活躍し、大きな賞をいくつもとられ、世界的にも有名で、過去の栄光にも、ものすごいものがあるコシノジュンコさんが、「過去はゴミ」とおっしゃっているのです。

それくらい過去にはこだわる必要がなくて、これから先をどう幸せに生きるかに注力するべきだという話です。

たとえば、未来は過去の延長線上にあると思っている人も多いと思います。

でもそれは、車の運転でいうと前に進んでいるのに、バックミラーを見ながら運転しているのと一緒です。

そんなことをしたら、事故を起こすに決まっています。そもそも、バックミラーをずっと見ながら、運転できますか？「もう、バックミラーは見ないで、前だけ見て運転して」ということです。

このたとえ話のバックミラーとは、もちろん「過去」のことを指しています。

つまり、私と出会う前、あなたがどれだけマイナス思考だったとしても、どれだけ不幸だったとしても、いっさい関係ありません。それこそ浮気者だった恋人との過去にこだわっているから、また浮気者の恋人が目の前に現れるのです。そういう人しか、世の中にいないと思ってしまいます。

自分がバックミラーを見ているから、またそういう人を引き寄せてしまうのです。過去を何とかする必要すらない。いまの自分には関係ないのですから。

いまこのときに幸せを感じ、その幸せを積み重ねていきましょう。

最高の〝復讐〟はいまよりもっと幸せになること

実は、失恋をきっかけに、元恋人を見返してやりたいと思って、私のスクールに来る受講生も多いです。

そんな受講生たちには、私自身が失恋したときに自分に言い続けていた、国際ジャーナリストの落合信彦さんから教えていただいた言葉を伝えています。

「泣くな。復讐《ふくしゅう》しろ。最高の復讐は、幸せな人生を送ることだ」

つまり「見返してやりたい」と恨むより、あるいは、いつまでも未練を残しているより、元恋人との過去はサッパリと忘れて、自分が幸せになるように、内面・外見のトータルで自分を磨くことが大事です。

「だから、これから自分を磨いていきましょう」と伝えます。

スクールでマナーやプラス思考、服装やメイク、話し方などを一つひとつ学んでいくことで、受講生は見違えるように魅力的に変身していきます。すると、こんな魅力的な人がいる、ということで、魅力的な異性との新たな出会いができてくるのです。

そこでステキな恋人ができると「私を振ってくれてありがとう」と、元恋人に感謝できます。

ある意味、失恋は、もう一度自分を見つめ直してレベルアップするためのチャンスかもしれません。そして、失恋を「チャンス」にするために必要なのは、過去を振り返らず、自分を磨く行動をすることです。

目の前のことに全力を注ぐ以外にできることはない

過去に執着して、いつまでも過去を振り返ってばかりの人がいます。

たとえば「あのとき、〇〇していたら」とか、「あんなことをしなければ〇〇」とか。過去の出来事の「もし」を想像して、いまと違う幸せがそこにあったはずと思うことです。

ところが、いくらそう思ったところで、過去を変えることはできません。だから、過去のことを考えるその時間はムダな時間だし、そのエネルギーも、もったいないと思います。そんなヒマがあるなら、この本に書いてあることをひとつでも実行してください。

受講生には、「私と出会うまでのあなたが、どれだけ不幸でも、マイナス思考でも、いっさい関係ないです。あなたは、この先の人生を良くするためにクラスに来ているわけだから、自分を磨く行動をしてください」と言っています。

私たちができることは、つねにいま目の前にあることに全力を注ぐことです。それ以外にできることはありません。過去に戻ることはできないし、未来に飛ぶこともできないのですから。

稲盛さんもよく、「いま目の前にあることに全力を注ぐ以外にない」「『自分の心がどこかおかしかったから、こんな目に遭ったのだ』と反省し、さらに心を磨き、美しい心にして人生を生きていこう」とおっしゃっていました。

目の前のことを一所懸命やる以外に、幸せになる方法はありません。ですから、いつでも、目の前のことに全エネルギーを注ぎ続けてほしいのです。

受講生のなかには、「自分の話なんてつまらないから、話してもしょうがない」と思っている控え目な人が多いです。私は、「もし本気で自分の話はつまらないと思っているなら、本を読んで言葉を増やしたほうがいいよ」と言っています。

きっと本をほとんど読まないから、思いを言葉にする語彙《ごい》がたりないし、雑談するための知識や情報もないのだろうと思います。

最初は絵本でもいいし、小学生が読むような本から始めてもいいのです。漫画だって、最近はいろんな分野の専門知識に特化したものも出ていますから、とにかく文字を読む習慣をつけることから始めたらいいのです。

それから、雑誌やネットの記事から、おもしろいと思ったものをメモしたり、毎日のおもしろい出来事を書き込んだ自分のネタ帳を作るのもオススメです。

「どうして〇〇しなかったんだろう」と後悔したり、「私の話はどうせつまらない」と思ったりするのは、マイナス思考。そういうマイナスのことを考えるのは、ヒマな証拠です。

「自分はつまらない人間だとか、『昔はよかった』と過去を振り返っているなら、自分はヒマだと思って」と、私は言っています。

たとえば私の場合で言うと、研修先に打ち合わせに行ったり、本や資料を読んだり、社員研修のテキストを作ったり、次の講座の準備をしたり、SNSに記事をアップしたり……やるべきことがたくさんあります。マイナスのことや、過去のことを考えているヒマなんて、まったくありません。

だから、「マイナス思考で落ち込んでいるヒマがあるなら、心が明るくなる本を読んだり、私のテキストやユーチューブを見たりして、ひとつでも多く行動してね」と受講生に言っています。暗くなっているヒマがあるなら、心が明るく、軽くなる行動をしてくださいね。

心の純度を上げていくことに人生の意味がある

過去にとらわれるのはやめたほうがいいと言ってきましたが、これまでに培ってきた能力や実績、人間関係、学んだ知識、なつかしい思い出などは、すでにあなたの中に積み上がっています。

私の好きな松田聖子さんはよく、「ようやくスタートラインに立った」と言っています。スタートラインに立つとき、これまで培ってきたものが、あなたを支えてくれるのは間違いありません。

ですから、とくに意識しなくてもいいし、過去にこだわる必要もありません。新鮮な気持ちで前だけを向いて、高みをめざして挑戦し続けることです。

過去の実績や成功体験を数えるようになったら、なかなか謙虚でいることはむずかしいと思います。どんな業界でも、天狗になるほど危険なことはなくて、新しいことを学んだり、人の意見を聞いたりする姿勢がなければ、その先の成長もないし、良い人間関係も築けません。

コシノジュンコさんが「過去はゴミ」とおっしゃったのは、そういう成功体験や実績をゴミとして記憶から消しておかないと、それが邪魔して、つねにポジティブに、柔軟で創造的な人生を突き進むことはできない、という意味もあるのだと思います。

稲盛さんが経営破綻したJALの再建を引き受けられたとき、まわりの人たちは、「晩節を汚すことになるから」と大反対したそうです。

稲盛さんご自身も「JALの再建は自分の人生にとってもっともしんどい仕事になる」とおっしゃっていたそうです。「世間も絶対失敗すると言っている」と。

それでも引き受けられたのは、残された従業員を守り、日本経済に悪影響が出ないようにするため、そして航空業界が一社独占にならないよう、正しい競争環境を維持するためでした。

つまり、自分のことは考えずに、世のため人のために尽くすという「利他の心」から、再建に取り組まれたのです。

もしあのとき、稲盛さんが過去のすごい成功や実績にとらわれていたとしたら、JALの再建を引き受けることはなかったと思います。まわりの人たちや世間が言うように、失敗する可能性のほうが、大きかったわけですから。だからJALの奇跡と言われるわけです。

それでも稲盛さんは、ご自身のすごい過去にとらわれず、純粋な心で引き受けられました。しかも、引き受ける条件は「無償で」というものでした。

本当にすごいことだと思います。稲盛さんは「つねに謙虚に、誰にも負けない努力を続けなければならない」とおっしゃっていました。稲盛さんは有言実行のお方で、本当にご自分が言われていることをすべて実行されている偉大な、尊敬すべき人でした。本当に生き方が美しい方です。

私はそうした稲盛さんが有言実行して見せてくださった、美しい生き方を見習って、毎日を過ごしています。

心が濁っていては、やはり良い結果は出ません。心の中に利己心や傲慢さや打算や嫉妬などが混じっていると、最後のところでうまくいきません。

稲盛さんは「一点の曇りもないと自分で言えるくらいに、心の純度を上げなさい」とおっしゃっていました。

「心を高める」こと、「心を磨く」ことこそが、「自然が我々に生を授けた真の目的なのだ」と教えてくださっています。

私も自分の心の純度を上げ、受講生や研修を受けるみなさんの人生が、魅力的で楽しく豊かになり、自信をもって笑顔で生きていけるように、力を尽くします。

これまでご縁をいただいた方たちのおかげで、私は自分の仕事に誇りと自信をもつことができました。これから、もっともっとたくさんの人たちに、稲盛さんの哲学や、私が考える生き方のマナーを伝えていきたいと思います。

あとがき

２０２２年8月24日、稲盛和夫さんが、90歳でお亡くなりになりました。突然、大きな太陽が消えた気持ちでした。塾長を務められていた経営者勉強会『盛和塾』で毎月のようにお会いしていた数々のシーン、いつも温かい笑顔と、少年っぽいチャーミングな言動を思い出し、涙が止まりませんでした。

この年はまた、安倍晋三氏（元内閣総理大臣）、石原慎太郎氏（作家・政治家）、藤子不二雄Ａ氏（漫画家）、森英恵氏（ファッションデザイナー）、六代目三遊亭円楽氏（落語家）など、各界を代表する方々が次々と他界され、時代の大きな転換の年だと感じました。

12月6日に帝国ホテル東京で開催された『稲盛和夫　お別れの会』に一緒に参列し

たサンマーク出版の斎藤竜哉さんと「これから日本を明るく元気にするために、私たちは何ができるのか?」を、何時間も真剣に語り合いました。

3年にわたる〝コロナ禍〟で世界中が暗くなってしまい、どんよりした不安や閉塞感のなかで、心身が疲れ切った人が激増しました。大打撃を受けたのは、もちろん私も同じです。

そんななかで明るさや笑顔、希望をどうやって見つけたらいいのか? 楽しくコミュニケーションをとり、良い人間関係をつくるにはどうしたらいいのか? 幸せいっぱいの輝く未来は、ひらけていくのか?

いままでの人生を振り返って、私が経験した大きな時代の転換は1995年でした。この年は阪神淡路大震災だけでなく多くの事件が起こり、未来が見えない不安や閉塞感がただよっていました。その暗いムードに光を照らしてくれたのが、サンマーク出版から出た大ベストセラー『脳内革命』(春山茂雄著)であり、また船井幸雄先生が提唱されていた「プラス発想」だったのです。

私もまた、この本にも書いたように1994年9月に父が倒れて人生のどん底を経験し、翌1995年9月に兵庫県芦屋市の学習塾FC本部の社員となりました。その社長からのご縁で船井幸雄先生と出逢い、船井先生のご紹介でサンマーク出版の斎藤さんとも出逢ったのです。そこから稲盛和夫塾長へとご縁がつながっていきました。

いまの私があるのは、すべてご縁をいただいた方たちの貴重なアドバイスとお力添えのおかげなのです。

稲盛塾長は生前、「人生は運命的な人との出会いによって決定づけられる」「人生の途上で出会った人々の好意、善意を喜んで受け取り、その好意、善意が指し示す方向へと、一生懸命に努力することによって、運命が好転し、人生がひらけていった」とおっしゃっていました。

また「これからの人生の道のりにおいても、そのようなすばらしい人との出会い、またその人から受けた好意と善意を大切にしていかれるということが、たいへん大切になってくると思います」とも。

この本には、稲盛塾長はじめ、私が運命的な出逢いをしてきた方々から学び、実行してきた「プラス思考」をひとりでも多くの方に知っていただき、ひとつでも多く行動に移してほしい。そして、暗く重くなった心をふんわり軽くして、上昇気流に乗って、笑顔いっぱいの輝く未来へ向かってほしいという願いを込めました。

さらに、いまいる場所で自信をもってイキイキ活躍する人がひとりでも増えたら、美しい日本は誇りと元気を取り戻し、世界からあこがれられるようになります。そんな幸せいっぱいの未来を、私は信じています。

この本は、すばらしいご縁の結晶です。膨大な打ち合わせをしてこの本の構成をしてくださった大ベテラン&大天才のライター・中西后沙遠さん。大変な時期を一緒に笑顔で乗り越えてくれた、幼少期から読書家のシェリロゼ社員・蓮見由佳さん。そして、この本を作るために25歳のときに出逢ったサンマーク出版編集部・斎藤竜哉さんに、大感謝です。

この本と運命的な出逢いをしてくださったすべての読者の方々に、ありがとう×∞。

いつか、実際にお会いできることを、楽しみにしています。ご縁に感謝。

2023年6月21日

シェリロゼ21周年を迎えて大好きな恵比寿で

井垣利英

2015年10月、盛和塾ハワイ例会にて
稲盛和夫さんと。

井垣利英（いがき・としえ）

名古屋生まれ。中央大学法学部卒業。フリーアナウンサーなどを経て、2002年に株式会社シェリロゼを起業。人材教育家、マナー講師。マナー、話し方、プラス思考、メイクなど、内面・外見トータルの「自分磨きスクール」を開催するとともに、全国の企業で社員研修、講演会を年100本以上行い、これまで2万人以上の指導を行う。著書は『しぐさのマナーとコツ』(学研プラス)、『仕事の神様が〝ひいき〟したくなる人の法則』(致知出版社）など、多数。

公式ホームページ：https://www.c-roses.co.jp

ふんわりと上昇気流に乗る生き方

2023年8月20日　初版印刷
2023年8月30日　初版発行

著　者　井垣利英
発行人　黒川精一
発行所　株式会社サンマーク出版
〒169-0074 東京都新宿区北新宿 2-21-1
電話　03-5348-7800
印　刷　中央精版印刷株式会社
製　本　株式会社村上製本所

ISBN978-4-7631-4068-5　C0030
ホームページ https://www.sunmark.co.jp